FEN8 SHUI
PRÁCTICO

Fórmulas para el éxito

LILLIAN TOO

FENg SHUI
PRÁCTICO

Fórmulas para el éxito

ONIRO

Título original: *Practical Feng Shui - Formulas for Success*
Publicado originalmente en inglés por Element Books Limited, Shaftesbury, Dorset, UK

Published by arrangement with HarperCollins Publishers Limited, London

Traducción de Joan Carles Guix

Compilation © HarperCollins Publishers Limited 2000
Text © Lillian Too, 2000

© 2001 de todas las ediciones en lengua española: Ediciones Oniro, S.A.

© de esta coedición para Argentina, Uruguay, Paraguay y Chile:
Editorial Paidós, S.A., Defensa 599, Piso 1° - Buenos Aires - Argentina
ISBN: 950-12-5854-8

© de esta coedición para México: Editorial Paidós Mexicana, S.A.
Rubén Darío 118, Col. Moderna - 03150 México D.F. - México
ISBN: 968-853-445-5

© de esta coedición para España y resto de países: Ediciones Oniro, S.A.
Muntaner 261, 3.° 2.ª - 08021 Barcelona - España (oniro@edicionesoniro.com - www.edicionesoniro.com)
ISBN: 84-95456-13-3

Impreso en Gran Bretaña por
Butler & Tanner Ltd

*A mi querido amigo y mentor de Feng Shui, el maestro Yap Cheng Hai,
con amor y afecto.*

ÍNDICE

Introducción   6

1 Iniciación   16

2 La fórmula de las ocho mansiones   28

3 La fórmula de las nueve aspiraciones   48

4 La fórmula de la estrella fugaz   56

5 Tabúes temporales acerca de las reformas   90

6 Redecoración para atraer la buena suerte   96

7 La fórmula de los cuatro pilares   104

8 La fórmula del dragón del agua   116

   Epílogo   134

   Combinación de las fórmulas   135

   Conozca a Lillian Too   136

   Lo que se ha dicho sobre Lillian Too   137

   Agradecimientos de la autora   138

   Bibliografía   139

   Índice analítico   140

   Agradecimientos   144

INTRODUCCIÓN

El extraordinario interés que despierta hoy en día el fenómeno del Feng Shui, una antigua práctica relacionada con la potenciación del espacio, se debe únicamente a su eficacia. En todo el mundo, la gente está desarrollando una nueva sensibilidad hacia los flujos de energía presentes en el entorno, y aprendiendo a controlarla para tener éxito, felicidad, riqueza material y salud. El Feng Shui enseña a vivir en armonía con las energías de la Tierra, a penetrar hasta el núcleo de dicha energía para atraer la dicha y los augurios positivos. Si se desea conseguir un buen Feng Shui, se pueden utilizar dos enfoques: emplazar correctamente la casa, equilibrando su energía con las estructuras físicas del entorno, lo que se conoce como Feng Shui del paisaje, o aplicar fórmulas poderosas que permitan determinar las orientaciones óptimas susceptibles de captar la buena suerte. Este libro estudia las fórmulas y sus aplicaciones prácticas.

Feng Shui

El Feng Shui consiste en el control del viento y del agua para captar el aliento cósmico vital del dragón o Chi, es decir, la fuerza que circula y se desplaza por el entorno, dentro y fuera de la casa, por el agua, la tierra, las montañas y los continentes. El Chi está en todas partes y es invisible, vibrando a través del cuerpo humano y del mundo. Este libro contiene fórmulas clásicas que potencian el flujo del *Sheng Chi*, que atrae la buena suerte, y la disolución del *Shar Chi*, que atrae la mala suerte.

A pesar del creciente aumento de popularidad del Feng Shui y de la no menos creciente percepción de su increíble eficacia para atraer la buena fortuna, la prosperidad y la felicidad, lo cierto es que su práctica sigue estando rodeada de un aura de misticismo. Sin embargo, eso no ha impedido a la antigua doctrina china de la potenciación del espacio gozar de una manifiesta aceptación por parte de muchas personas. En efecto, son innumerables los practicantes de todo el planeta que han empezado a penetrar en los enigmáticos dominios de la astrología, la adivinación y el simbolismo chinos, las tres disciplinas que engloban el espectro de prácticas asociadas con el Feng Shui, y durante este proceso, descubren la importancia de nuestra relación con el espacio, el tiempo y el universo.

El Feng Shui es la ciencia que enseña a vivir en armonía con el entorno, determinando si es aconsejable o no residir delante o detrás de una montaña, en un valle o en un lugar elevado, en un llano o en la ladera de una colina. El Feng Shui indica dónde hay que situar una casa para que sus moradores saquen el máximo partido de su emplazamiento en términos de beneficios espirituales, equilibrio personal y riqueza material. Para ello hay que vivir en comunión con los paisajes naturales, los vientos y las aguas de la Tierra. El Feng Shui está en situación de otorgar una vida de munificencia a quienes siguen sus parámetros y sus principios al trazar su vivienda.

VIENTO Y AGUA

La traducción literal de los términos *feng* y *shui* es *viento* y *agua*, respectivamente. Juntos, estos dos elementos expresan el poder del embate y el fluido de la naturale-

EL FENG SHUI DETERMINA SI ES CONVENIENTE VIVIR DELANTE O DETRÁS DE UNA MONTAÑA, EN UN VALLE O EN UN EMPLAZAMIENTO ELEVADO, EN UNA PLANICIE O EN LA LADERA DE UNA COLINA, PARA GOZAR DE LA INFLUENCIA BENIGNA DEL CHI CÓSMICO.

EL VIENTO Y EL AGUA
SON LOS ELEMENTOS ESENCIALES
DEL FENG SHUI. SI ESTÁN EN
EQUILIBRIO, LA ARMONÍA
EN EL HOGAR ESTÁ ASEGURADA.

las energías de un área determinada están en armonía, el entorno rebosa felicidad, prosperidad y buena suerte, imperando la confianza y la buena voluntad. Pero si se aplica mal, aparece el infortunio, los siniestros y la infelicidad. El fracaso preside el día, y la enfermedad, la fatiga, el hastío y el pesimismo se convierten en intrusos omnipresentes.

El Feng Shui no debería contemplarse de una forma restringida. Sin llegar a ser una ciencia, tampoco se reduce a un arte. El Feng Shui no es una práctica mágica ni religiosa, aunque ha habido muchos casos en los que las visualizaciones meditativas, las curaciones alternativas y los cantos espirituales de las oraciones han fomentado de una forma extraordinaria la práctica del Feng Shui.

El Feng Shui es un complemento muy poderoso de todas las prácticas espirituales y alternativas que tanta popularidad han alcanzado hoy en día. Desde las técnicas ayurvédicas originarias de India, hasta la aromaterapia y la visualización mental emplean la especialísima magia del dragón del Feng Shui. No obstante, para que el Feng Shui añada un auténtico valor a su

za, y su manifestación influye en las formas y colores de la orografía y el relieve. A su vez, la fortuna de las casas y edificios variará según se construyan encima, debajo o alrededor de estos elementos del paisaje.

La teoría ofrece directrices para vivir en armonía con los vientos y las aguas de la Tierra con el fin de provocar situaciones extremadamente afortunadas. Estas directrices se fundan en una amplia gama de doctrinas, creencias, simbolismos, fórmulas y principios prácticos que proporcionan las técnicas necesarias para ubicar y distribuir los espacios en las direcciones, las orientaciones y los emplazamientos más idóneos. Cuando el Feng Shui se aplica correctamente y todas vida, debe aplicarse en consonancia con el sentido común y el juicio racional.

No confíe sólo en el instinto y la intuición, pero déjese guiar por ellos. No permita que su desbordante mente imaginativa atribuya toda la buena suerte al Feng Shui. A menudo, se limita a establecer una dimensión de armonía que hace posible que la buena fortuna y la prosperidad entren en su vida.

Por la misma razón, no culpe al Feng Shui de toda la mala suerte. Sus infortunios y sus fracasos podrían ser una consecuencia directa de la maduración de su *karma* negativo, en cuyo caso el Feng Shui sólo podrá atenuar en lo posible las consecuencias. El Feng Shui no tiene el poder de superar sus deudas *kármicas*, no puede diluir la desgracia si forma parte de su destino, aunque tiene la capacidad de mejorar los tiempos de crisis, reduciendo su severidad a un nivel más llevadero. Cuando el destino y el Feng Shui trabajan juntos, los resultados suelen ser espectaculares. En este sentido, el Feng Shui puede realzar los buenos períodos de la vida.

El Feng Shui sólo funciona si se practica correctamente, de manera que es vital comprender lo que se está haciendo. Aun así, no es difícil dominar los métodos de aplicación correcta del Feng Shui, y si bien sus fórmulas requieren un cierto grado de exactitud y objetividad, su uso implica una menor subjetividad de apreciación, facilitando considerablemente su práctica.

CONFUCIO APORTÓ VALIOSAS IDEAS AL I CHING, EL ANTIGUO LIBRO DE LOS CAMBIOS EN EL QUE SE BASA CASI TODO EL FENG SHUI.

de Chou; y Confucio, que quizá sea el más famoso de todos los filósofos chinos. De estos célebres sabios, los tres últimos aportaron nuevas e importantes ideas a la sabiduría del *I Ching*, que a su vez, se incorporaron al desarrollo del Feng Shui a lo largo de los siglos.

El fundador del *I Ching* fue el legendario emperador Fu Hsi, que vivió hace alrededor de 4.500 años. En aquella época, China se extendía hasta el mar Negro, en el oeste de Asia, lo que probablemente impulsó el debate académico y la especulación sobre las conexiones entre el Fu Hsi chino y el Adán occidental, el de la Biblia. El *I Ching* que creó Fu Hsi constituye la fuente escrita del pensamiento chino. Destaca los vínculos esenciales entre el destino y la naturaleza, y considera el universo como un algo especial en el que todas las cosas existen en un estado ininterrumpido de evolución. Se cuenta que Fu Hsi miraba hacia arriba para contemplar las imágenes del cielo y hacia abajo para observar las pautas de la Tierra, y fue así como llegó a comprender las leyes de la naturaleza y la influencia de las fuerzas cósmicas en la calidad de la vida que habitaba en un plano inferior. Su sabiduría le permitió descubrir una práctica relativamente similar a lo que hoy conocemos como Feng Shui. Enseñó a su pueblo a sintonizar sus viviendas con los estados de ánimo y los ritmos de la naturaleza, dotándoles de un sentido de vida y seguridad en armonía.

LOS ORÍGENES DEL FENG SHUI

El manantial primigenio del Feng Shui tiene que buscarse en el *I Ching*, el antiguo y clásico *Libro de los cambios*, en el que se fundamenta casi todo su acerbo de conocimientos. Son cuatro los pensadores asociados al *I Ching*: el fundador, Fu Hsi; el rey Wen; su hijo, el duque

EL FENG SHUI DEL PAISAJE

Aunque los orígenes del Feng Shui se remontan a la antigüedad (tanto como el antiguo «libro-fuente» en el que se basa), en China no se practicó formalmente hasta la dinastía Tang (618-907). Algunos registros históricos de este período han conseguido sobrevivir al paso del tiempo y, en la actualidad, proporcionan claves de un incalculable valor acerca del Feng Shui ambiental que se aplicó durante casi tres siglos de gobierno imperial. Determinados libros que detallan los principios del Feng Shui del paisaje se convirtieron en los textos principales en los que generaciones sucesivas de practicantes fundamentaron su conocimiento.

El Feng Shui de la dinastía Tang hacía un especial hincapié en el perfil de las montañas y la dirección de las corrientes de agua, desarrollando un conjunto de normas asociadas a la figura del dragón mítico y celestial. Al describir el Feng Shui perfecto, los maestros de aquella época incorporaron otras tres criaturas celestes al juego de metáforas: el tigre blanco del oeste, para complementar al dragón verde del este; el fénix rojo del sur; y la tortuga negra del norte, expresando líricamente el buen Feng Shui a tenor del trazado mutuo ideal en el que se suponía que debían estar situadas las formaciones montañosas, que representaban a las cuatro criaturas del cielo. Como resultado, las técnicas del Feng Shui del paisaje se basan en las formas, contornos, elevaciones y en el modo en el que todas las estructuras, tanto naturales como artificiales, están dispuestas entre sí.

Los emplazamientos del buen Feng Shui requieren la presencia de montañas o, más específicamente, de tipos ondulados de colinas. La presencia de colinas del dragón verde presupone la de colinas del tigre blanco, igualmente sinuosas, aunque para que exista un Feng Shui positivo deben ser menos elevadas que aquéllas.

LAS TÉCNICAS DEL FENG SHUI DEL PAISAJE SE BASAN EN LAS FORMAS, CONTORNOS, ELEVACIONES Y EN CÓMO ESTÁN SITUADAS LAS ESTRUCTURAS, TANTO NATURALES COMO ARTIFICIALES, ENTRE SÍ.

LA FÓRMULA DE LA BRÚJULA

Ningún practicante de Feng Shui puede ignorar la influencia de las formas, las siluetas y las elevaciones en la calidad global del Feng Shui. En efecto, el Feng Shui del paisaje engloba el conjunto de teorías y aplicaciones fundamentales de esta ciencia-arte. Sin embargo, muy pronto se descubrió que el énfasis en el trazado físico de la tierra era un concepto incompleto en la práctica del Feng Shui, lo que propició el desarrollo de un segundo sistema esencial. Ambos se conocen, en conjunto, como el Feng Shui de la fórmula de la brújula.

Este segundo sistema reconocía el influjo de las especulaciones metafísicas y adoptó un enfoque direccional brujular para orientar las casas. Las ubicaciones positivas y negativas ya no se expresaban sólo en términos del dragón, sino también de las direcciones concretas de la brújula. Con la evolución y el auge popular del Feng Shui de la fórmula de la brújula, los maestros no tardaron en desarrollar sus propios códigos prácticos, y el Luo Pan, o brújula del Feng Shui, se convirtió en el gran almacén de sus secretos. Las fórmulas se guardaban celosamente y, al morir el maestro, pasaban a manos de su discípulo predilecto. Aun así, era imposible saber si el difunto había decidido llevarse a la tumba alguna información fundamental.

Las formulaciones del Feng Shui de la brújula parten de los símbolos trigramas colocados alrededor del Pa Kua octogonal en un determinado trazado. Este tipo de Feng Shui también otorga una gran importancia al significado de los números situados en el Lo Shu, o cuadrícula mágica de nueve sectores. En Feng Shui, las cifras del 1 al 9 tienen múltiples significados, desde la mala suerte más extrema hasta la buena suerte más afortunada. Su disposición y la forma en la que se desplazan (o «vuelan») por la cuadrícula y a través del calendario chino constituyen los componentes de algunas de las poderosas fórmulas que se describen en este libro.

UNIFICACIÓN

A finales del siglo XIX y principios del XX, las dos escuelas de Feng Shui se fusionaron, y las teorías de cada una de ellas pasaron a considerarse complementarias. Esta combinación alcanzó una asombrosa popularidad tanto en Hong Kong como en Taiwán, los dos lugares más allá de las fronteras chinas en los que la práctica del Feng Shui floreció durante aquel período. Actualmente, los practicantes modernos de estas dos regiones suelen aplicar los principios de ambas escuelas, aunque las fórmulas preferidas de los maestros de Taiwán difieren de las de los maestros de Hong Kong, tanto en el método como en la interpretación de la aplicación de los elementos del Feng Shui.

Los dos países han prosperado y se han beneficiado de la amplia y omnipresente influencia del Feng Shui. Mientras que su

LA BRÚJULA, LA REGLA DE FENG SHUI Y EL PA KUA SON HERRAMIENTAS IMPORTANTES EN LA PRÁCTICA DEL FENG SHUI DE LAS FÓRMULAS. SUS FUNCIONES Y SU USO CORRECTO SE DESCRIBEN MÁS ADELANTE EN ESTE LIBRO.

práctica estuvo prohibida en China durante la mayor parte del liderazgo de Mao Tsé Tung, experimentó un extraordinario desarrollo fuera de aquella nación, donde los inmigrantes chinos llevaron consigo las costumbres y los rituales antiguos. Durante los últimos cien años, el Feng Shui ha conseguido una creciente credibilidad en todos los sectores y estratos sociales. Ricos y pobres por un igual sienten un profundo respeto por los consejos de los maestros.

A mediados de siglo, los entusiastas del Feng Shui en Hong Kong, Taiwán y sudeste asiático añadieron una tercera dimensión a su práctica: la aplicación del Feng Shui simbólico. Conscientes de la rica herencia cultural que subyacía debajo de sus usos y tradiciones, los emigrantes chinos, nostálgicos de su patria, ahondaron en

EL LUO PAN (BRÚJULA TRADICIONAL DEL FENG SHUI) SÓLO LO UTILIZAN LOS PROFESIONALES.

su psique y empezaron a exhibir en sus casas lo que consideraban como símbolos de la buena suerte. De inmediato, los chinos de Taiwán y Hong Kong pusieron en marcha la producción en serie de grabados, mamparas, urnas, cerámicas, esmaltes alveolados (*cloisonné*) y otras representaciones de todos los símbolos favorables como complemento de la práctica tanto del Feng Shui del paisaje como de la brújula. La significación de estos símbolos, algunos más populares y conocidos que otros, se contienen en el segundo volumen de la serie dedicada al Feng Shui práctico. El Feng Shui simbólico es muy eficaz cuando se utiliza en consonancia con el Feng Shui de las fórmulas.

LOS DIOSES DEL HOGAR —FUK (IZQUIERDA), DIOS DE LA RIQUEZA; LUK (CENTRO), DIOS DE LA ALTA POSICIÓN SOCIAL; Y SAU (DERECHA), DIOS DE LA LONGEVIDAD— SON SÍMBOLOS TÍPICOS DE LA BUENA SUERTE.

LAS FÓRMULAS EN ESTE LIBRO

Este libro contiene algunas de las fórmulas clásicas más potentes del Feng Shui de la Escuela de la Brújula. Las tres más importantes son: la fórmula de la brújula de las ocho mansiones, la fórmula de la estrella fugaz y la fórmula del dragón del agua. Además, he incluido otras tres fórmulas secundarias que complementan el Feng Shui y que se pueden incorporar para realizar cambios rutinarios y mejorar la sintonía del influjo positivo.

Sin embargo, pese a ser menos complejas, no dejan de ser igualmente significativas. Cada una de ellas se ha simplificado al máximo, precalculando y resumiendo las porciones complejas en tablas de trabajo fáciles de consultar y de aplicar.

Si bien cada fórmula de la brújula aborda diferentes dimensiones de la práctica, todas se han integrado en el Luo Pan del Feng Shui, la brújula tradicional de esta práctica ancestral. Las formulaciones se basan en el Pa Kua del trazado celeste matutino de los trigramas y en la cuadrícula Lo Shu. Las recomendaciones relativas a la dirección y la situación de las ocho mansiones parten de los desarrollos teóricos de las interpretaciones del Feng Shui tal y como se las enseñó al maestro Yap Cheng Hai su maestro de Taiwán, una figura legendaria de su tiempo.

FÓRMULAS DEL ESPACIO

Hay que distinguir entre las fórmulas que tratan conceptos del espacio en el Feng Shui y las que estudian las direcciones y los emplazamientos, que determinan las orientaciones más favorables a partir del año lunar de nacimiento y del sexo de la persona.

Una vez conocidas las direcciones benéficas de la brújula, los usos prácticos son innumerables. En efecto, si nos limitáramos a aplicar este único aspecto del Feng Shui de las fórmulas, podríamos tener una razonable seguridad de disfrutar de un excelente Feng Shui. No obstante, la fórmula es insuficiente. También hay que acostumbrarse a emplearla en sus distintas permutaciones, y hacerlo con eficacia exige experiencia y el conocimiento de las principales herramientas del Feng Shui.

Otras prescripciones espaciales se refieren a las orientaciones fijas de la vivienda, lo que permite investigar si ésta es afortunada o desafortunada para cada persona en base a su año de nacimiento del calendario lunar. Las fórmulas del Feng Shui que versan sobre la distribución del espacio personal deben practicarse teniendo en cuenta la influencia de las formas y los perfiles, es decir, las características del paisaje.

FÓRMULAS DE LA DIMENSIÓN TEMPORAL

También conviene examinar los efectos de la dimensión temporal. El paso del tiempo juega un papel decisivo en el Feng Shui. La fórmula más importante de esta dimensión es el Feng Shui de la estrella fugaz, conocida asimismo como Sarn Yuan o Feng Shui del Ter-

---

EL HEMISFERIO SUR

Todas las recomendaciones de este libro se aplican tanto a los países del hemisferio norte como del hemisferio sur. Los lectores que vivan en Australia, América del sur y África meridional deben saber que lo he verificado en repetidas ocasiones con diversos maestros, genuinos y fiables, de Feng Shui versados en la Escuela de la Brújula y que todos coinciden en que no existe ninguna diferencia en la aplicabilidad de las formulaciones en ambos hemisferios.

La divergencia interpretativa ha surgido a raíz de una especulación. Habida cuenta de que el elemento del sur es el fuego, éste tendría que referirse únicamente al hemisferio norte, donde la fuente de calor (fuego) es el ecuador. La razón por la que los practicantes de Feng Shui identifican el sur con el fuego no es fruto de la posición del ecuador, sino de que el trigrama Li (relativo al fuego) está situado al sur en el trazado celeste vespertino de los trigramas alrededor del Pa Kua *(véase la p. 27).*

---

cer Período (*véanse pp. 56-89*), un método muy popular y ampliamente practicado en Hong Kong. El Feng Shui de la estrella fugaz utiliza casi exclusivamente la numerología y la cuadrícula Lo Shu para determinar el efecto del tiempo en los diversos rincones de una casa o de un viejo edificio. Se dice que esta técnica representa la rama teológica del Feng Shui.

Los adeptos a la interpretación de los significados de la forma en la que las estrellas (o números) vuelan a través de la cuadrícula Lo Shu son capaces de predecir las épocas de prosperidad y de crisis de un país. Algunos se han ganado un merecido prestigio anticipando con una extraordinaria precisión las subidas y bajadas de los mercados bursátiles y de los índices monetarios. En Hong Kong, el Crédit Lyonnais, un afamado banco de inversiones, encargó el cálculo de lo que bautizaron como «índice Feng Shui», que predecía con exactitud los movimientos del índice del mercado bursátil Hang Seng durante un par de años, una práctica que al final se abandonó cuando otros maestros menos dotados asumieron la tarea y resultaron menos precisos en sus predicciones de los puntos de inflexión.

Las dimensiones temporales en el Feng Shui también se basan en los números Lo Shu de los días, meses y años, tal y como figuran en el calendario chino. Partiendo de formulaciones especiales, se puede determinar el Feng Shui del momento más idóneo para reformar una casa y las fechas del inicio de las obras de construcción. Sin embargo, estas fórmulas son complicadas, y en este libro sólo se da, en forma de tablas de referencia, una muestra de los períodos anuales más importantes para emprender una reforma o una construcción.

FÓRMULAS ASTROLÓGICAS

Otro método popular de Feng Shui, muy usado en Hong Kong, se basa en el cálculo astrológico del año, mes, día y hora del nacimiento de una persona, es decir, lo que en conjunto se conoce como los cuatro pilares o los ocho caracteres (*véanse pp. 104-115*). Las fór-

LAS FÓRMULAS DEL FENG SHUI PUEDEN CONTRIBUIR A DETERMINAR EL MEJOR MOMENTO PARA REDECORAR O REFORMAR UNA CASA.

mulas astrológicas no son tan exactas como las demás y sus prescripciones relacionadas con el buen Feng Shui personalizado dependen de los conocimientos del practicante en la interpretación del exceso o la falta de los cinco elementos —madera, fuego, metal, tierra o agua— en su vida.

FÓRMULAS DEL AGUA

Por último, esta obra resume las fórmulas del agua, o fórmulas de la prosperidad, de un especial interés para quienes tienen jardines. Se fundan en el *Clásico Dragón del Agua*, célebre por atraer la riqueza a los que tienen la suerte de vivir en edificaciones próximas a los dragones del agua naturales.

La fórmula del dragón del agua (*véanse pp. 116-133*) trata de los fluidos acuosos y de los cuerpos móviles del agua, que si bien parten de formulaciones distintas e independientes, se pueden aplicar a la vez.

1

INICIACIÓN

Antes de entrar más a fondo en las fórmulas que se contienen en este libro, es importante familiarizarse con una cierta información básica e imprescindible para comprender mejor su significado. En este capítulo aprenderá las características fundamentales de su casa y la dirección en la que está orientada. Asimismo, deberá proveerse de algunas herramientas esenciales, que se detallan en las pp. 20 y 21. El resto del capítulo está dedicado a explicar el funcionamiento de la cuadrícula Lo Shu y del Pa Kua. Estos conceptos forman parte intrínseca de muchas de las fórmulas y su comprensión le permitirá convertirse en un excelente practicante del Feng Shui.

Observación de la casa

Los análisis del Feng Shui deben iniciarse siempre con una observación física preliminar de la casa, tanto del exterior como del interior, prestando una especial atención al entorno (carreteras, colinas, edificios y fincas colindantes) para asegurarse de no pasar por alto ninguna estructura que pueda incidir en la vivienda al aplicar las fórmulas direccionales. A tal efecto, es aconsejable utilizar las listas de comprobación que se describen en este apartado, examinando primero el exterior y luego el interior de la casa.

EL EXTERIOR

El análisis exterior debe centrarse en lo siguiente:

FORMA GENERAL DE LA CASA

- Mejor las formas regulares; las irregulares propician los «rincones perdidos» (*véanse pp. 24-25*).
- Las formas cuadradas pertenecen al elemento tierra y las rectangulares al elemento madera. Son las más fáciles de trabajar en el Feng Shui de la fórmula de la brújula.
- Las viviendas en forma de L o de U son desfavorables y más difíciles de trabajar.

CONTORNOS Y ELEVACIONES

- ¿La parte posterior de la casa está situada a una cota más elevada que la delantera? Si no es así, tendrá que colocar una farola alta detrás de la casa antes de empezar. Es vital que la puerta principal no esté orientada a un terreno más elevado que la vivienda (las direcciones se explican en pp. 34-39).
- ¿El lado izquierdo de la casa (mirando por la puerta principal desde el interior) es más elevado que el derecho?

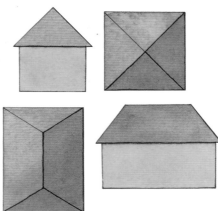

LAS CASAS DE FORMAS REGULARES SON POSITIVAS EN TÉRMINOS DE FENG SHUI.

Si no es así, deberá instalar una farola alta en el lado izquierdo antes de empezar.

EDIFICIOS PRÓXIMOS

- ¿Los edificios próximos son más altos que la casa? En caso afirmativo, asegúrese de que la puerta principal no está orientada a ninguno de ellos.
- ¿Alguna de las edificaciones próximas tiene un tejado triangular y uno de sus vértices apunta directamente a la puerta principal? Si es así, recoloque la puerta, procurando utilizar una dirección favorable (*véanse pp. 40-41*).

CARRETERAS VECINAS

- ¿La casa está totalmente rodeada de carreteras? ¿La rodean por delante y por detrás? Nada de ello es recomendable. Plante árboles en la parte posterior de la vivienda para simular un apoyo.
- ¿Hay una rotonda de tráfico frente a su casa, orientada a la puerta principal? Es un buen elemento y debería intentar aprovechar la energía positiva.
- ¿Existe alguna carretera alineada directamente con la puerta prin-

cipal? Si es así, desplace la puerta o use otra. Al instalar una puerta para atraer los buenos augurios, siguiendo las direcciones de la brújula, compruebe que no esté mirando directamente a una carretera. Eso es aplicable a todas las estructuras del entorno que sean capaces de disparar «flechas envenenadas» hacia la casa.

EL INTERIOR

El análisis interior debe prestar atención a lo siguiente:

FORMA, TAMAÑO Y NÚMERO DE HABITACIONES

• Una vez más, las formas regulares son más fáciles de trabajar. Intente regularizar la forma de una estancia con el trazado del mobiliario.

PLANTE ÁRBOLES DETRÁS DE LA VIVIENDA PARA SIMULAR EL APOYO DE LA TORTUGA NEGRA.

¡ATENCIÓN!

Una flecha envenenada es cualquier cosa puntiaguda, rectilínea o triangular del entorno. Trae mala suerte.

SERVICIOS, DESPENSAS Y COCINA

• Conviene situarlos en las áreas desfavorables de la casa, tal y como se explicará más adelante.

LONGITUD Y ANCHURA DE LA VIVIENDA

• Las casas alargadas tienden a conservar más tiempo la energía positiva del Feng Shui.

PUERTAS Y VENTANAS

• Su posición en las diferentes estancias determinará lo que puede y no puede hacer.

TRAZADO DEL MOBILIARIO

• Al distribuir el mobiliario para sacar el mayor partido de las direcciones positivas, debe tener en cuenta otras directrices del Feng Shui. Por ejemplo, coloque la cama de tal modo que la cabecera o los pies no apunten a la puerta.

Las herramientas

Después del análisis inicial, hay que proveerse de las herramientas de trabajo: una brújula (un Luo Pan tradicional o una brújula occidental moderna) y una cinta métrica. También es aconsejable estar familiarizado con la cuadrícula Lo Shu *(véanse pp. 24-25)* y el Pa Kua *(véanse pp. 26-27)*. Acto seguido, ya se puede empezar a explorar las fórmulas.

BRÚJULAS

EL LUO PAN

En la práctica moderna del Feng Shui, la brújula tradicional, o Luo Pan, sólo la usan los profesionales. Suele contener los códigos secretos de distintos maestros, de manera que solamente las utilizan quienes se han iniciado en el Feng Shui bajo la tutela de uno de ellos. No obstante, las brújulas occidentales constituyen una excelente alternativa. Aplique las fórmulas con una brújula convencional y consulte las tablas de referencia que se incluyen en este libro.

El Luo Pan consiste en múltiples circunferencias concéntricas trazadas alrededor de una brújula magnética. Las interiores muestran los trigramas y las orientaciones, y las siguientes, los cinco elementos con sus aspectos Yin y Yang, así como las 24 direcciones que caracterizan la mayoría de las fórmulas de la brújula del Feng Shui.

Las direcciones reflejan los ángulos detallados que deben observarse al orientar las puertas y las ventanas, además de las posiciones para dormir, comer y traba-

ANTIGUO Y MODERNO: LA BRÚJULA TRADICIONAL DEL FENG SHUI (DETRÁS) Y UNA MODERNA BRÚJULA OCCIDENTAL (DELANTE).

jar. Cada uno de los cuatro puntos cardinales y direcciones secundarias están subdivididos en otras tres direcciones, que hacen un total de 24, y se conocen como las 24 «montañas». En un Luo Pan tradicional, los trigramas dispuestos alrededor de la brújula reflejan tanto el trazado celeste matutino como vespertino de los mismos. Ambos definen, por separado, el Pa Kua Yin y el Pa Kua Yang, aunque el que nos interesa aquí es el vespertino (Pa Kua Yang), ya que determina el Feng Shui de todas las moradas de los seres vivos, por contraposición a las moradas de los muertos *(véanse pp. 26-27)*.

LA BRÚJULA OCCIDENTAL

Adquiera una brújula magnética occidental de buena calidad. En Feng Shui, cuando hablamos del norte, nos estamos refiriendo al norte magnético, que es el mismo en todo el planeta.

Elija un modelo con las direcciones especificadas en grados a partir del norte. Eso le permitirá saber con precisión en cuál de las tres subsecciones o «montañas» de una orientación determinada está encarada la puerta. Al aplicar el Feng Shui de la estrella fugaz y la fórmula del dragón del agua es necesario conocer los grados exactos de una orientación.

CINTA MÉTRICA

Hay que medir la casa para poder dividirla en nueve sectores independientes, cada uno de los cuales corresponderá a una casilla de la cuadrícula Lo Shu, y es importante hacerlo minuciosamente. Estas medidas determinan dónde empieza y dónde termina cada zona de la vivienda que corresponda a una de las ocho direcciones primarias y secundarias. La cuadrícula actual de su casa no tiene por qué ser necesariamente cuadrada, aunque eso sí, cada sector deberá tener el mismo tamaño.

Además de una cinta métrica normal, es una buena idea comprar una regla de Feng Shui, que indica todas las direcciones favorables y desfavorables.

LA BRÚJULA SUPERIOR MUESTRA LOS NOMBRES CHINOS DE LAS 24 MONTAÑAS. SE TRATA DE LOS TRES SUBSECTORES DE LAS OCHO DIRECCIONES DE LA BRÚJULA.

NECESITARÁ UNA BRÚJULA, A PODER SER MODERNA, Y UNA CINTA MÉTRICA. LA TRADICIONAL REGLA DE FENG SHUI ES ÚTIL, PERO NO ESENCIAL.

La dirección de las puertas

E l paso siguiente consiste en determinar la orientación. La práctica del Feng Shui de las fórmulas requiere estar familiarizado con las direcciones brujulares de la casa. Si se trata de un apartamento, hay que conocer la dirección y la orientación de la propia vivienda, así como las de todo el edificio en el que está situada, lo que significa determinar la dirección de las dos puertas principales, ya que cada una de ellas tiene una orientación diferente en Feng Shui.

La dirección de las puertas principales siempre se toma mirando al exterior. Si la casa tiene un patio con un sendero, debería anotar la dirección y la orientación de toda la finca y la dirección tanto de la verja como de la puerta principal propiamente dicha. En Feng Shui, la orientación de la puerta principal es el elemento más importante a la hora de determinar el tipo de energía que penetra en la vivienda. Si orienta la puerta principal aplicando las fórmulas especiales del Feng Shui, la buena suerte estará asegurada. La puerta principal es el «kou», o boca de la casa, por la que entra el

DETERMINACIÓN DE LAS OCHO ZONAS DIRECCIONALES

Además de establecer la dirección de la puerta principal, debe hacer lo propio desde el centro de la casa, para determinar las ocho zonas o esquinas direccionales de la misma, imprescindibles para aplicar las distintas fórmulas.

Realice de nuevo tres lecturas, todas desde la misma estancia. Si el centro de la vivienda está ubicado en una habitación pequeña, puede reducir la distancia entre las tres lecturas.

La dificultad con la que se encuentran la mayoría de los practicantes consiste en determinar el centro de la casa cuando tiene forma irregular. En general, es más fácil calcularlo a partir de un plano cuyas dimensiones se hayan tomado con precisión. Los planos arquitectónicos o técnicos le simplificarán considerablemente el trabajo.

1 *Realice la primera lectura en el interior de la casa. Coloque la brújula en el suelo, junto a la puerta. Teniendo en cuenta que quiere determinar la dirección en la que está orientada, gire la brújula hasta que la aguja esté alineada con el norte y cuente los grados de desviación de la posición de la puerta respecto al norte. Anótelo.*

Chi y es donde se crea el infortunio si recibe cualquier influencia perjudicial de alguna estructura del entorno. A menudo, en las viviendas que disponen de más de una puerta de entrada se confunde la que debe considerarse como principal. Los textos clásicos la describen como la que los residentes utilizan con más frecuencia para entrar y salir.

Realice tres lecturas para determinar la orientación y alineación de la puerta principal *(véase abajo)*. En la mayoría de los casos, los tres resultados serán ligeramente diferentes. Siempre que la diferencia sea inferior a 15 grados, serán aceptables, considerando la media de las tres lecturas brujulares como la dirección de la puerta.

Si la desviación es mayor, es aconsejable echar un vistazo al trazado espacial del mobiliario y del equipo electrónico. Las grandes diferencias en las lecturas de la brújula suelen indicar un desequilibrio de energía, ya sea por la distribución del mobiliario en la estancia o porque la zona es sísmica, como por ejemplo en California o en otros lugares propensos a esa actividad terrestre.

Si es así, debería adquirir una brújula de prospección, más potente. Algunos maestros de Feng Shui se niegan a trabajar hasta que las lecturas brujulares han vuelto a la normalidad. Si las lecturas son imprecisas, la aplicación de la fórmula puede ser defectuosa.

2 *Efectúe la segunda lectura a 1 m de la puerta principal, siempre en el interior de la casa y con la brújula en el suelo. Use una regla de Feng Shui o una cinta métrica para determinar la distancia. No se preocupe si la lectura difiere un poco de la primera. Recuerde que debe tomar las direcciones mirando al exterior.*

3 *Realice la tercera lectura colocando la brújula en el suelo entre 3 y 5 m de la puerta, en el interior de la casa. Si no dispone de ese espacio en línea recta, tome la lectura en el centro de la vivienda.*

La cuadrícula Lo Shu

La cuadrícula Lo Shu es importante para la comprensión del Feng Shui y esencial en la práctica del Feng Shui de la fórmula de la brújula. Contiene un trazado «mágico» de números, ocho de los cuales se refieren a los puntos cardinales y secundarios de la brújula, mientras que el central está relacionado con el centro de la casa. Superponer la cuadrícula sobre un plano de la vivienda es fundamental para el análisis de los sectores del Feng Shui.

CÓMO UTILIZAR LA CUADRÍCULA

El análisis del Feng Shui de los diversos sectores brujulares de la casa consta de cuatro pasos muy sencillos:

1 *Si no dispone de un plano arquitectónico o técnico de la vivienda, levante uno con la mayor exactitud posible.*

2 *Trace la cuadrícula Lo Shu sobre papel de calco y colóquela sobre el plano, haciendo coincidir la orientación de la casa con los sectores de la cuadrícula.*

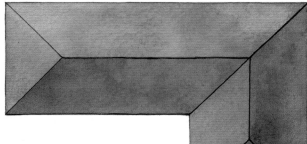

SI NO DISPONE DE PLANOS ARQUITECTÓNICOS O TÉCNICOS DE SU CASA, HAGA UNO (ARRIBA).

3 *Superponiendo la cuadrícula Lo Shu sobre el plano podrá identificar las áreas negativas, los sectores desfavorables y las zonas defectuosas de acuerdo con las fórmulas de este libro.*

4 *Delimite con cuidado los sectores de la cuadrícula de su vivienda y etiquételas con la dirección correspondiente.*

Nota: El espacio no tiene por qué ser cuadrado. La cuadrícula se puede prolongar horizontal o verticalmente para adaptarse al trazado. No obstante, cada sector debe ser del mismo tamaño.

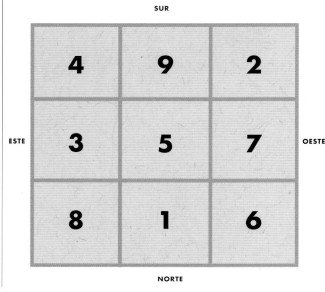

LA CUADRÍCULA LO SHU (DERECHA) ES ESENCIAL EN LA PRÁCTICA DEL FENG SHUI. ÚSELA PARA DELIMITAR LOS SECTORES DE LA VIVIENDA.

EL VALOR DE LA CUADRÍCULA

Cualquiera que sea la forma de la casa, la cuadrícula Lo Shu le ofrece un excelente punto de partida para iniciar sus análisis y aplicar las fórmulas del Feng Shui. Pero antes, memorice la numeración de la cuadrícula y sus direcciones equivalentes. De este modo, sabrá qué número Lo Shu representa a cada sector de la casa.

La superposición de la cuadrícula Lo Shu sobre el plano le permite:

• determinar con precisión los ocho sectores según las direcciones de la brújula,

• delimitar el sector central de la vivienda;

• localizar cualquier rincón perdido o vértice sobresaliente;

• crear un plano de su hogar para sucesivos análisis de Feng Shui tanto mediante fórmulas espaciales como temporales.

SUPERPONER LA CUADRÍCULA LO SHU SOBRE EL PLANO DE LA CASA LE PERMITE IDENTIFICAR LAS «ESQUINAS PERDIDAS» Y LOS VÉRTICES SOBRESALIENTES.

SUPERPOSICIÓN DE LA CUADRÍCULA LO SHU

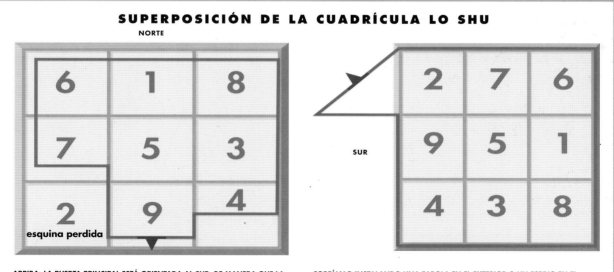

ARRIBA: LA PUERTA PRINCIPAL ESTÁ ORIENTADA AL SUR, DE MANERA QUE LA CUADRÍCULA LO SHU SE HA GIRADO PARA QUE COINCIDA. LA ESQUINA SUDOESTE (2) ESTÁ PERDIDA, LO QUE PUEDE SIGNIFICAR QUE SE HAYA EXTRAVIADO EL ATRIBUTO FAVORABLE DE DICHO SECTOR *(VÉANSE PP. 50-51)*.

CORRÍJALO INSTALANDO UNA FAROLA EN EL EXTERIOR O UN ESPEJO EN EL INTERIOR, EN LA PARED ADYACENTE. EL SEGUNDO EJEMPLO MUESTRA LA PUERTA PRINCIPAL ENCARADA AL SUDOESTE, HACIA UN VÉRTICE SOBRESALIENTE QUE POTENCIA LA SUERTE DEL SECTOR CONTIGUO (SUDOESTE, 2).

Superposición del Pa Kua

El Pa Kua procede del *I Ching*, el libro-fuente tradicional del Feng Shui. Es un símbolo octogonal que se usa, entre otras cosas, para determinar el trigrama y el elemento relacionado con cada dirección preestablecida mediante la cuadrícula Lo Shu. Los trigramas forman parte del *I Ching*, y existen dos trazados distintos del Pa Kua que se pueden emplear en la práctica del Feng Shui: el Pa Kua Yin, o trazado celeste matutino, y el Pa Kua Yang, o trazado celeste vespertino. Sin embargo, éste último sólo debe utilizarse en el interior de la casa. El Pa Kua Yin está relacionado específicamente con las moradas de la muerte —el Feng Shui de las sepulturas.

Utilice el Pa Kua del trazado celeste vespertino, que sitúa los trigramas Chien y Kun en el noroeste y sudoeste respectivamente. Anote las direcciones brujulares de cada uno de los ocho sectores de su vivienda y úselas para determinar su elemento dominante o gobernante. Asimismo, cada sector posee otros atributos que también puede determinar de inmediato, y que se examinarán más a fondo en el capítulo dedicado a la fórmula de las nueve aspiraciones *(véanse pp. 48-55)*.

Con esta información en su poder, estará en una excelente situación para empezar a aplicar las distintas fórmulas. Así de fácil. En capítulos posteriores, se estudiarán todas las fórmulas, indicando las diferentes formas de aplicación de los distintos elementos y atributos de cada sector, de acuerdo con los diversos significados de cada sector que muestra el Pa Kua.

El símbolo Yin Yang representado en el centro del Pa Kua refleja el cielo y la tierra. Eso quiere decir que todo está dividido en dos fuerzas de Yin y Yang independientes y opuestas mutuamente, siguiendo la creencia de que todas las cosas de la tierra forman una unidad con sus opuestas. Los símbolos que aparecen en el interior de los ocho lados del Pa Kua y sus correspondientes trigramas reflejan esta visión dualista del universo.

OTRAS PRÁCTICAS

Algunos practicantes de Feng Shui aplican otros métodos para determinar las esquinas perdidas y eso puede crear confusión en los principiantes.

He investigado la literatura relativa a esta fórmula particular de Feng Shui, constatando que en Estados Unidos, por ejemplo, es muy popular el uso de este método, al que he denominado método de Pa Kua fijo. No utiliza la brújula, sino que, en su lugar, las ocho aspiraciones se asignan a las esquinas de la casa según la posición de la puerta principal, que siempre se considera situada en el sur. Eso significa que el sector directamente opuesto a la puerta se considera como el norte. Se ignora por completo la dirección real de la brújula.

Aun así, me gusta utilizar una brújula al aplicar esta fórmula, porque para mí este método es un derivado de la Escuela de la Brújula y, por lo tanto, trabajo a partir de la forma en la que se aplican las demás fórmulas del Feng Shui de la brújula, sobre todo, las que utilizan la escuadra Lo Shu.

Sudeste	Sur	Sudoeste
Madera	Fuego	Tierra
Este	Centro	Oeste
Madera	Tierra	Metal
Nordeste	Norte	Noroeste
Tierra	Agua	Metal

CADA SECTOR DE LA CASA ESTÁ ASOCIADO A UNO DE LOS CINCO ELEMENTOS. LAS FÓRMULAS DE ESTE LIBRO MUESTRAN CÓMO SE APLICA ESTE CONOCIMIENTO PARA ATRAER EL BUEN FENG SHUI.

EL YANG PA KUA, QUE MUESTRA EL TRAZADO CELESTE VESPERTINO, SE COLOCA SOBRE LA CUADRÍCULA LO SHU Y EL PLANO DE LA CASA PARA DETERMINAR EL ELEMENTO QUE GOBIERNA CADA SECTOR DE LA VIVIENDA.

2

LA FÓRMULA DE LAS OCHO MANSIONES

La técnica del Feng Shui de las ocho mansiones (o Pa Kua Lo Shu) es un método personalizado que se basa en el año de nacimiento y el sexo del practicante. Con la ayuda de una serie de tablas preformuladas, que se ilustran en este capítulo, podrá determinar las direcciones y los emplazamientos favorables y desfavorables. Esta información esencial le permitirá orientar su casa y su oficina del modo más ventajoso posible, es decir, generando un Feng Shui excelente. La fórmula de las ocho mansiones tiene muchas aplicaciones, demasiadas para abordarlas todas en este libro. No obstante, si estudia las aplicaciones prácticas que se sugieren aquí, podrá hacerse una idea de otras formas de uso de la fórmula.

Los números Kua

L a fórmula de las ocho mansiones se funda en el año lunar de nacimiento y en el sexo de la persona. Éstos son los dos únicos elementos de información que se necesitan para averiguar el número Kua personal (kua significa sector; así, por ejemplo, Pa Kua quiere decir ocho sectores). El año lunar de nacimiento se usa porque las fórmulas del Feng Shui parten del calendario lunar, aunque no es preciso disponer de los requisitos del horóscopo completo (hora, día, mes y año). Basta con el año lunar.

Para obtener el año lunar de nacimiento, hay que conocer la fecha de nacimiento del calendario occidental o gregoriano, que no coincide con el lunar. En realidad, los dos sistemas son tan diferentes que el comienzo del Año Nuevo lunar oscila entre finales de enero y principios de febrero. Asimismo, en determinados años, el año lunar tiene 13 meses en lugar de 12, y a veces incluye un año de doble primavera, que suele considerarse como un año favorable y al que los chinos denominan año Lap Chun.

Para saber cuál es su año lunar de nacimiento, calcule su fecha de nacimiento mediante el calendario válido para un siglo de las páginas 32-33. Si nació antes del Año Nuevo chino, deberá restar un año al de su nacimiento. Sin embargo, si lo hizo con posterioridad, el año lunar de nacimiento será el mismo que el del calendario occidental.

El calendario es una tabla abreviada de referencia que simplifica la memorización y el uso de la fórmula de las ocho mansiones, además de proporcionarle el número Kua, que le permitirá interpretar y aplicar las sucesivas tablas de referencia de este capítulo.

CÁLCULO DEL NÚMERO KUA

Todos los números Kua se indican en el calendario de cien años de las pp. 32 y 33, aunque siempre es útil saber cómo se obtienen. El cálculo del número Kua requiere una fórmula diferente para los hombres y las mujeres, válida para todas las personas nacidas antes del año 2000. Después de dicho año, la fórmula cambia, tal y como se explica en la página siguiente.

PARA LOS HOMBRES

Sume los dos últimos dígitos de su año lunar de nacimiento. Siga sumándolos hasta reducirlos a una sola cifra. Luego reste esa cifra de 10. El resultado será su número Kua.

Ejemplo 1
Si nació el 3 de diciembre de 1982: 8 + 2 = 10; 1 + 0 = 1; y 10 − 1 = 9. Su número Kua es el 9.

Ejemplo 2
Si nació el 2 de enero de 1946, su año lunar fue el 1945, ya que vino al mundo antes del Año Nuevo lunar. Así pues: 4 + 5 = 9; 10 − 9 = 1. Su Kua es el 1.

**LA FÓRMULA
DE LAS OCHO MANSIONES
Y LOS MAESTROS DE FENG SHUI**

En general, cualquier maestro de Feng Shui sólo le preguntará el animal que presidía el año en el que nació, y con esta mínima información será capaz de realizar innumerables cálculos para determinar tanto lo que le es favorable como desfavorable.

Con este simple dato obtendrá su número Kua, ya que el animal en cuestión revela el año de su nacimiento.

Ejemplo 3

Si nació el 17 de agosto de 1977: 7 + 7 = 14; 1 + 4 = 5; y 10 − 5 = 5; Su Kua es el 5.

PARA LAS MUJERES

Sume los dos últimos dígitos de su año lunar de nacimiento. Siga sumándolos hasta reducirlos a una sola cifra. Sume 5 a esa cifra. El resultado es su número Kua.

Ejemplo 1

Si nació el 13 de noviembre de 1973: 7 + 3 = 10; 1 + 0 = 1; y 5 + 1 = 6. Su número Kua es el 6.

Ejemplo 2

Si nació el 2 de enero de 1933, su año lunar fue 1932, pues vino al mundo antes del Año Nuevo lunar. Por lo tanto: 3 + 2 = 5; 5 + 5 = 10; y 1 + 0 = 1. Su Kua es el 1.

Ejemplo 3

Si nació el 6 de agosto de 1975: 7 + 5 = 12; 1 + 2 = 3; y 5 + 3 = 8. Su Kua es el 8.

FECHAS DE NACIMIENTO POSTERIORES AL AÑO 2000

Para quienes nazcan después del año 2000, la fórmula varía. Es lo que suelo denominar el «problema del milenio» del Feng Shui. Para los niños que nazcan en el año 2000 y posteriores, en lugar de restar de 10, deberá restar de 9, y para las niñas, en lugar de sumar 5, deberá sumar 6.

PARA LOS NIÑOS

Ejemplo 1

Si nace el 13 de marzo de 2000: 9 − 0 = 9. Su número Kua será el 9.

Ejemplo 2

Si nace el 16 de mayo de 2004: 9 − 4 = 5. Su Kua será el 5.

PARA LAS NIÑAS

Ejemplo 1

Si nace el 4 de septiembre de 2003: 6 + 3 = 9. Su Kua será el 9.

Ejemplo 2

Si nace el 25 de julio de 2006: 6 + 6 = 12; 1 + 2 = 3. Su Kua será el 3.

EL CALENDARIO CHINO PARA CIEN AÑOS: 1912-1960

FECHAS DEL CALENDARIO OCCIDENTAL	ANIMAL	KUA MASCULINO	KUA FEMENINO
18 febrero 1912 – 5 febrero 1913	Rata	7	8
6 febrero 1913 – 25 enero 1914	Buey	6	9
26 enero 1914 – 13 febrero 1915	Tigre	5	1
14 febrero 1915 – 2 febrero 1916	Conejo	4	2
3 febrero 1916 – 22 enero 1917	Dragón	3	3
23 enero 1917 – 10 febrero 1918	Serpiente	2	4
11 febrero 1918 – 31 enero 1919	Caballo	1	5
1 febrero 1919 – 19 febrero 1920	Oveja	9	6
20 febrero 1920 – 7 febrero 1921	Mono	8	7
8 febrero 1921 – 27 enero 1922	Gallo	7	8
28 febrero 1922 – 15 febrero 1923	Perro	6	9
16 febrero 1923 – 4 febrero 1924	Cerdo	5	1
5 febrero 1924 – 23 enero 1925	Rata	4	2
24 enero 1925 – 12 febrero 1926	Buey	3	3
13 febrero 1926 – 1 febrero 1927	Tigre	2	4
2 febrero 1927 – 22 enero 1928	Conejo	1	5
23 enero 1928 – 9 febrero 1929	Dragón	9	6
10 febrero 1929 – 20 enero 1930	Serpiente	8	7
30 enero 1930 – 16 febrero 1931	Caballo	7	8
17 febrero 1931 – 5 febrero 1932	Oveja	6	9
6 febrero 1932 – 25 enero 1933	Mono	5	1
26 enero 1933 – 13 febrero 1934	Gallo	4	2
14 febrero 1934 – 3 febrero 1935	Perro	3	3
4 febrero 1935 – 23 enero 1936	Cerdo	2	4
24 enero 1936 – 10 febrero 1937	Rata	1	5
11 febrero 1937 – 30 enero 1938	Buey	9	6
31 enero 1938 – 18 febrero 1939	Tigre	8	7
19 febrero 1939 – 7 febrero 1940	Conejo	7	8
8 febrero 1940 – 26 enero 1941	Dragón	6	9
27 enero 1941 – 14 febrero 1942	Serpiente	5	1
15 febrero 1942 – 4 febrero 1943	Caballo	4	2
5 febrero 1943 – 24 enero 1944	Oveja	3	3
25 enero 1944 – 12 febrero 1945	Mono	2	4
13 febrero 1945 – 1 febrero 1946	Gallo	1	5
2 febrero 1946 – 21 enero 1947	Perro	9	6
22 enero 1947 – 9 febrero 1948	Cerdo	8	7
10 febrero 1948 – 28 enero 1949	Rata	7	8
29 enero 1949 – 16 febrero 1950	Buey	6	9
17 febrero 1950 – 5 febrero 1951	Tigre	5	1
6 febrero 1951 – 26 enero 1952	Conejo	4	2
27 enero 1952 – 13 febrero 1953	Dragón	3	3
14 febrero 1953 – 2 febrero 1954	Serpiente	2	4
3 febrero 1954 – 23 enero 1955	Caballo	1	5
24 enero 1955 – 11 febrero 1956	Oveja	9	6
12 febrero 1956 – 30 enero 1957	Mono	8	7
31 enero 1957 – 17 febrero 1958	Gallo	7	8
18 febrero 1958 – 7 febrero 1959	Perro	6	9
8 febrero 1959 – 27 enero 1960	Cerdo	5	1

EL CALENDARIO CHINO PARA CIEN AÑOS: 1960-2008

FECHAS DEL CALENDARIO OCCIDENTAL	ANIMAL	KUA MASCULINO	KUA FEMENINO
28 enero 1960 – 14 febrero 1961	Rata	4	2
15 febrero 1961 – 4 febrero 1962	Buey	3	3
5 febrero 1962 – 24 enero 1963	Tigre	2	4
25 enero 1963 – 12 febrero 1964	Conejo	1	5
13 febrero 1964 – 1 febrero 1965	Dragón	9	6
2 febrero 1965 – 20 enero 1966	Serpiente	8	7
21 enero 1966 – 8 febrero 1967	Caballo	7	8
9 febrero 1967 – 29 enero 1968	Oveja	6	9
30 enero 1968 – 16 febrero 1969	Mono	5	1
17 febrero 1969 – 5 febrero 1970	Gallo	4	2
6 febrero 1970 – 26 enero 1971	Perro	3	3
27 enero 1971 – 14 febrero 1972	Cerdo	2	4
15 febrero 1972 – 2 febrero 1973	Rata	1	5
3 febrero 1973 – 22 enero 1974	Buey	9	6
23 enero 1974 – 10 febrero 1975	Tigre	8	7
11 febrero 1975 – 30 enero 1976	Conejo	7	8
31 enero 1976 – 17 febrero 1977	Dragón	6	9
18 febrero 1977 – 6 febrero 1978	Serpiente	5	1
7 febrero 1978 – 27 enero 1979	Caballo	4	2
28 enero 1979 – 15 febrero 1980	Oveja	3	3
16 febrero 1980 – 4 febrero 1981	Mono	2	4
5 febrero 1981 – 24 enero 1982	Gallo	1	5
25 enero 1982 – 12 febrero 1983	Perro	9	6
13 febrero 1983 – 1 febrero 1984	Cerdo	8	7
2 febrero 1984 – 19 febrero 1985	Rata	7	8
20 febrero 1985 – 8 febrero 1986	Buey	6	9
9 febrero 1986 – 28 enero 1987	Tigre	5	1
29 enero 1987 – 16 febrero 1988	Conejo	4	2
17 febrero 1988 – 5 febrero 1989	Dragón	3	3
6 febrero 1989 – 26 enero 1990	Serpiente	2	4
27 enero 1990 – 14 febrero 1991	Caballo	1	5
15 febrero 1991 – 3 febrero 1992	Oveja	9	6
4 febrero 1992 – 22 enero 1993	Mono	8	7
23 enero 1993 – 9 febrero 1994	Gallo	7	8
10 febrero 1994 – 30 enero 1995	Perro	6	9
31 enero 1995 – 18 febrero 1996	Cerdo	5	1
19 febrero 1996 – 6 febrero 1997	Rata	4	2
7 febrero 1997 – 27 enero 1998	Buey	3	3
28 enero 1998 – 15 febrero 1999	Tigre	2	4
16 febrero 1999 – 4 febrero 2000	Conejo	1	5
5 febrero 2000 – 23 enero 2001	Dragón	9	6
24 enero 2001 – 11 febrero 2002	Serpiente	8	7
12 febrero 2002 – 31 enero 2003	Caballo	7	8
1 febrero 2003 – 21 enero 2004	Oveja	6	9
22 enero 2004 – 8 febrero 2005	Mono	5	1
9 febrero 2005 – 28 enero 2006	Gallo	4	2
29 enero 2006 – 17 febrero 2007	Perro	3	3
18 febrero 2007 – 6 febrero 2008	Cerdo	2	4

Grupos orientales y occidentales

Cuando se conoce el número Kua, se pueden determinar las direcciones que nos son favorables y desfavorables. Según la fórmula de las ocho mansiones, todos los seres humanos nacen con cuatro direcciones favorables y cuatro direcciones desfavorables. Para saber cuáles son, primero hay que determinar si se pertenece al grupo oriental o al grupo occidental, lo cual está relacionado directamente con el número Kua.

Sus direcciones favorables y desfavorables dependen de si pertenece al grupo oriental o al grupo occidental. Para saberlo, consulte la tabla de la página siguiente.

Las personas del grupo oriental disfrutarán de una extraordinaria buena suerte si orientan su Feng Shui en las direcciones de su grupo, evitando a toda costa las del occidental, ya que son muy negativas para ellas.

De igual modo, las personas del grupo occidental gozarán de un excelente Feng Shui si orientan su casa y sus espacios personales en las direcciones de su grupo, evitando las del grupo oriental, que sólo les traerían infortunios.

VIVIENDAS ORIENTALES Y OCCIDENTALES

Según esta fórmula, una de las formas más significativas y eficaces de aprovechar la buena suerte direccional consiste en orientar la puerta principal de la casa en cualquiera de sus cuatro direcciones favorables. En las tablas de referencia que se detallan más adelante en este capítulo podrá observar que, partiendo del número Kua, las cuatro direcciones favorables se ajustan mucho más, adquiriendo un mayor grado de precisión. El éxito, la salud, el amor y el desarrollo personal de cada persona dependen siempre de su número Kua.

Quien más quien menos desearía orientar su casa para captar la máxima afluencia de buena suerte, pero antes de hacerlo es importante conocer las directrices fundamentales que sirven de base para determinar si una casa es oriental u occidental.

El texto clásico sobre esta fórmula dice que: «Una persona que pertenece al grupo oriental debería vivir en una casa oriental, y una persona que pertenece al grupo occidental debería residir en una casa occidental.

CUALQUIERA QUE SEA LA ZONA DEL MUNDO EN LA QUE VIVA, SU NÚMERO KUA DETERMINARÁ SI PERTENECE A UN GRUPO ORIENTAL U OCCIDENTAL, ASÍ COMO SUS RELACIONES FAVORABLES ASOCIADAS.

Una vivienda es oriental u occidental a tenor de su emplazamiento, el cual, a su vez, está determinado por la dirección opuesta en la que está orientada la puerta principal».

En consecuencia, si la puerta principal mira al este, la casa será occidental, y si está encarada al oeste, será oriental. De lo que se deduce que la vivienda estará situada en la dirección opuesta a la de la puerta principal. Dado que el oeste es una dirección del grupo occidental, diremos que la casa es occidental. Del mismo modo, si pertenece al grupo oriental y su mejor dirección resulta ser el este, el hecho de orientar la puerta al este convertiría automáticamente la vivienda en occidental. En otras palabras, ¡pese a haber orientado la puerta en la mejor dirección, acaba viviendo en una casa que atrae la mala suerte!

Aún recuerdo los quebraderos de cabeza que me causó esta fórmula la primera vez que la estudié en los antiguos textos, de la mano del maestro Yap. No fue hasta mucho más tarde, al llegar al final del libro, cuando comprendí su funcionamiento a través de algunos ejemplos indirectos que citaba el manual.

Por lo tanto, si es una persona del grupo oriental, debería encarar la puerta principal al norte o al sur, ya que la dirección opuesta de estas dos direcciones pertenece al grupo oriental. Cuando cualquiera de ellas resulta ser su dirección más favorable, se dice que «tiene la suerte para aprovechar su mejor dirección». Por la misma razón, si pertenece al grupo occidental, debería encarar la puerta principal al sudoeste o al nordeste.

Así pues, las personas del grupo oriental cuyo número Kua sea el 1 o el 9, y las del grupo occidental cuyo número Kua sea el 5 o el 6 no podrán utilizar sus direcciones más favorables para orientar la puerta. Una vez clarificada esta cuestión, analizaremos con más detalle las direcciones favorables y desfavorables.

SI ORIENTA LA PUERTA PRINCIPAL DE SU CASA EN ALGUNA DE SUS DIRECCIONES MÁS FAVORABLES, CREARÁ UN FENG SHUI POSITIVO.

GRUPO ORIENTAL Y OCCIDENTAL

SU NÚMERO KUA	SU GRUPO
1	Oriental
2	Occidental
3	Oriental
4	Oriental
5	Occidental
6	Occidental
7	Occidental
8	Occidental
9	Occidental

Las direcciones del grupo oriental son: este, sudeste, norte y sur. Las direcciones del grupo occidental son: oeste, sudoeste, noroeste y nordeste.

Direcciones y emplazamientos favorables

Ante todo, conviene examinar a fondo las direcciones favorables, ya que cada una de ellas atrae un tipo de buena suerte ligeramente distinto. Las direcciones favorables de cada individuo que se muestran en la tabla de la página siguiente también se aplican a las direcciones y emplazamientos. Es importante distinguir entre dirección y emplazamiento. Al aplicar la fórmula, no siempre es posible aprovechar la dirección o el emplazamiento deseado y, a menudo, no queda otro remedio que elegir entre una y otro.

En Feng Shui es imposible conseguir la perfección absoluta. No obstante, si es capaz de implementar alrededor del 70 % de las recomendaciones relativas al Feng Shui positivo, disfrutará de buena suerte.

• **Dirección:** la dirección en la que está mirando, aquella en la que está orientada la puerta de su casa o en la que apunta su cabeza cuando duerme.

• **Emplazamiento:** sector específico de la vivienda que corresponde a una dirección específica —superponga la cuadrícula Lo Shu sobre el plano de la casa para determinar ambos—. Le ayudará a identificar las áreas afortunadas o desafortunadas de la casa.

1 DIRECCIÓN SHENG CHI

Éste es el nombre que recibe su dirección más favorable (se traduce como «aliento creador»). Es la dirección en la que debería estar cuando trabaja, negocia o realiza una presentación en público, ya que trae muy buena suerte. También es la dirección en la que debería apuntar la cabeza cuando duerme. El emplazamiento y la dirección sheng chi son indispensables si lo que desea es ganar dinero y tener suerte en su carrera profesional. Si le resulta difícil orientarse en la dirección sheng chi, procure sentarse, trabajar, dormir o comer en el emplazamiento sheng chi.

En la oficina, intente seleccionar el espacio de trabajo según su emplazamiento sheng chi. Por otro lado, sería ideal que pudiera sentarse siempre en su dirección sheng chi. En el hogar, si la puerta principal está encarada en su dirección sheng chi o está situada en su sector correspondiente, ¡estupendo! También da muy buenos resultados dormir en la esquina que representa su sheng chi.

NORTE

EL EMPLAZAMIENTO SE REFIERE A UN SECTOR ESPECÍFICO DE LA CASA, MIENTRAS QUE LA DIRECCIÓN SE REFIERE AL PUNTO DEL ESPACIO HACIA EL QUE ESTÁ ORIENTADO O HACIA DONDE APUNTA LA CABEZA CUANDO DUERME.

LAS CUATRO DIRECCIONES/EMPLAZAMIENTOS FAVORABLES

NÚMERO KUA	SHENG CHI	TIEN YI	NIEN YEN	FU WEI
1	sudeste	este	sur	norte
2	nordeste	oeste	noroeste	sudoeste
3	sur	norte	sudeste	este
4	norte	sur	este	sudeste
5 masculino	nordeste	oeste	noroeste	sudoeste
5 femenino	sudoeste	noroeste	oeste	nordeste
6	oeste	nordeste	sudoeste	noroeste
7	noroeste	sudoeste	nordeste	oeste
8	sudoeste	noroeste	oeste	nordeste
9	este	sudeste	norte	sur

2 DIRECCIÓN TIEN YI

Se traduce como «el médico del cielo» y simboliza la buena salud y la longevidad. Está considerada como la segunda mejor dirección para la riqueza, aunque es increíblemente poderosa cuando se trata de curar a quienes sufren enfermedades inexplicables y prolongadas. Si tiene problemas de salud, le conviene orientar la cocina o la tetera de tal manera que los alimentos se cuezan —o el agua hierva— con la energía procedente de su dirección tien yi.

3 DIRECCIÓN NIEN YEN

Se puede traducir aproximadamente como «longevidad con muchos descendientes» y trae buena suerte a la familia, al matrimonio, a las relaciones de pareja y a la prole. Quienes tengan problemas para casarse, durante el matrimonio o para tener hijos, deberían activar su dirección nien yen. Fue así como mi marido y yo logramos formar una familia después de diez años de vida conyugal sin hijos. Si los niños le sacan de quicio cada dos por tres, coloque las camas de tal modo que la cabeza de los pequeños apunte a sus direcciones nien yen. ¡Se integrarán mejor en la familia y serán más obedientes!

4 DIRECCIÓN FU WEI

La dirección fu wei proporciona una excelente formación y mucha suerte en el desarrollo personal. Algunos maestros también se refieren a ella como «dirección de la sabiduría». Si la puerta principal de la casa está orientada en la dirección fu wei de los más jóvenes de la familia, al igual que su escritorio, se beneficiarán de una enorme buena suerte en los exámenes y gozarán de gran prestigio académico.

> **¡ATENCIÓN!**
>
> Oriente la olla eléctrica para que la fuente de energía que está cociendo el alimento proceda de su dirección tien yi.

Direcciones y emplazamientos desfavorables

Tan importante como saber cuáles son las direcciones favorables lo es estar familiarizado con la relativa severidad de cada una de las cuatro direcciones negativas. La mala suerte puede traducirse en accidentes, percances y contratiempos, personas difíciles o conflictivas, graves perjuicios familiares o profesionales, o incluso la muerte.

1 DIRECCIÓN HO HAI

Es la menos dañina de las cuatro direcciones/emplazamientos. Traducido literalmente significa accidentes y contratiempos. La dirección ho hai provoca desastres que pueden solucionarse. En cualquier caso, el infortunio casi nunca es definitivo. Por lo tanto, si duerme con la cabeza apuntando en su dirección ho hai, podría sufrir un accidente, enfermar o ser culpado de algo que anda mal.

2 DIRECCIÓN WU KUEI

Se traduce como los «cinco espectros». Es la segunda peor dirección de las cuatro desfavorables. Atraerá a su lado individuos problemáticos que pueden crearle dificultades, como por ejemplo empleados que intentan desprestigiarlo, amigos que le traicionan y familiares que le generan un sinfín de quebraderos de cabeza. En los casos graves, esta dirección también trae el infortunio a los más pequeños de la casa.

Si la puerta principal está orientada en la dirección wu kuei del cabeza de la familia, las riñas, peleas y discusiones abundarán en el hogar. No habrá paz.

Por otro lado, es una magnífica dirección para instalar la cocina (a gas, eléctrica, etc.), ya que es muy eficaz atenuando la mala suerte derivada de los «cinco espectros» del wu kuei.

LAS CUATRO DIRECCIONES/EMPLAZAMIENTOS DESFAVORABLES

NÚMERO KUA	HO HAI	WU KUEI	LUI SHA	CHUEH MING
1	oeste	nordeste	noroeste	sudoeste
2	este	sudeste	sur	norte
3	sudoeste	noroeste	nordeste	oeste
4	noroeste	sudoeste	oeste	nordeste
5 masculino	este	sudeste	sur	norte
5 femenino	sur	norte	este	sudeste
6	sudeste	este	norte	sur
7	norte	sur	sudeste	este
8	sur	norte	este	sudeste
9	nordeste	oeste	sudoeste	noroeste

3 DIRECCIÓN LUI SHA

Es una dirección más negativa que la anterior, no en vano estos dos términos significan literalmente «seis asesinos». Ocasiona graves perjuicios tanto familiares como profesionales. Los descalabros financieros son inevitables y, en ocasiones, incluso la muerte. Seis tipos de infortunio recaen sobre quienes duermen con la cabeza apuntando a la dirección lui sha o si la puerta principal está encarada a ella. Sin embargo, es una idea excelente instalar los cuartos de baño y las cocinas en este emplazamiento, ya que atenuará eficazmente las desgracias causadas por tan sombría dirección.

4 DIRECCIÓN CHUEH MING

Es la peor de las cuatro. Significa siniestro total y, en de-

> **¡ATENCIÓN!**
>
> **La dirección chueh ming es la peor de las cuatro direcciones desfavorables. Significa la pérdida absoluta de todo y puede ocasionar la muerte de toda la familia.**

SI DUERME CON LA CABEZA APUNTANDO A SU DIRECCIÓN HO HAI O A CUALQUIER OTRA DIRECCIÓN DESFAVORABLE, PODRÍA SUFRIR UN ACCIDENTE, ENFERMAR O SER CULPADO DE ALGO QUE ANDA MAL.

terminadas circunstancias, también puede suponer la muerte de toda la familia. Siniestro total significa precisamente eso: la destrucción del núcleo familiar al completo. Cuando la puerta principal de la casa está orientada en la dirección chueh ming y se duerme, trabaja, etc. mirando en esa dirección, el infortunio que provoca es difícil de sobrellevar. Conviene evitar a toda costa tanto la dirección como el emplazamiento chueh ming, ya que pueden resultar fatales. Su trágico influjo sólo desaparece durante los períodos en los que las estrellas fugaces son favorables.

Aplicación de la fórmula

Una vez conocidas las direcciones positivas y negativas, se pueden activar de diversas formas. No hace falta seleccionar un día favorable para efectuar estos cambios. Lo que importa es respetar un tabú fundamental: no mover el mobiliario durante la noche. El mejor momento para realizar los cambios del Feng Shui es por la mañana, después del orto. La presencia de energía Yang les confiere una potencia adicional.

DIRECCIONES DE LA PUERTA PRINCIPAL

La puerta principal de la casa o de la oficina es el elemento que requiere una mayor atención y, a ser posible, debería estar orientada en la dirección más favorable, es decir, la sheng chi *(véase la tabla de la página siguiente)*. De lo contrario, elija una de las más benefi-

ciosas, pero asegurándose siempre de que no está mirando en la dirección chueh ming o de siniestro total.

Si el marido y la mujer tienen direcciones diametralmente opuestas, lo más aconsejable es seguir la del cabeza de familia, pues se supone que es el sustento de la misma. En mi casa tengo dos puertas, una en la dirección de mi marido y la otra en la mía, y hasta la fecha, después de veinte años, nos ha dado excelentes resultados.

Al aplicar la fórmula a la orientación de la puerta principal, recuerde que las orientales y occidentales restringen el uso de las direcciones del grupo oriental y occidental *(véanse pp. 34-35)*. Si pertenece al grupo oriental, sólo podrá utilizar su dirección sheng chi —norte o sur— si su número Kua es el 3 o el 4, ya que ambas pertenecen a ese grupo.

De igual modo, si pertenece al grupo occidental, sólo podrá utilizar su dirección sheng chi en la puerta principal si su número Kua es el 2 o el 5. Noroeste y sudoeste son direcciones opuestas, de manera que podría estar encarado a una dirección del grupo oriental y, aun así, seguir viviendo en una casa oriental.

LA DIRECCIÓN MÁS BENEFICIOSA PARA LA
PUERTA DE UN DORMITORIO ES LA NIEN YEN,
QUE FOMENTA LA ARMONÍA FAMILIAR,
SOBRE TODO LA CONYUGAL.

SIGNIFICADO DE LAS DIRECCIONES DE LA PUERTA PRINCIPAL

SI SU NÚMERO KUA ES EL	Y SU PUERTA PRINCIPAL ESTÁ ORIENTADA AL
1	sur: su despensa está llena de alimentos y su bolsillo de dinero.
	este o sudeste: muchos descendientes.
2	noroeste: convivencia conyugal armoniosa.
	nordeste u oeste: recibirá algún honor del rey.
3	sudeste: ascenderá en el trabajo y tendrá muchos hijos.
	sur o norte: conseguirá fama y riqueza.
4	este: habrá prestigiosos eruditos en la familia.
	sur o norte: prosperidad duradera.
5 masculino	igual que el 2 anterior.
5 femenino	igual que el 8 posterior.
6	sudoeste: será rico y disfrutará de prosperidad.
	nordeste u oeste: usted y sus descendientes serán ricos y prósperos.
7	nordeste: su familia será muy próspera.
	noroeste o sudoeste: las propiedades de sus antepasados se multiplicarán bajo su tutela.
8	oeste: tendrá muchos hijos.
	noroeste o sudoeste: su hogar se llenará de riqueza, prosperidad y oro.
9	norte: habrá mucho oro y plata en la familia.
	este o sudeste: hijos inteligentes.

OTRAS PUERTAS

La orientación de las demás puertas de la casa o de la oficina se pueden determinar según las direcciones favorables de los ocupantes de cada estancia. Así, se pueden calcular las direcciones de los niños y seleccionar los dormitorios que les sean más provechosos. Sin embargo, no debe olvidar que la dirección más beneficiosa para la puerta de un dormitorio es la nien yen (tercera dirección favorable), que fomenta la armonía familiar,

¡ATENCIÓN!

La puerta del dormitorio no debe infringir ningún tabú. No la oriente a un vértice agudo, a un hueco de escalera, a una esquina o a un baño.

sobre todo entre los esposos. No es necesario que todo esté mirando a la dirección sheng chi, aunque es importante que usted esté mirando en una de las cuatro direcciones positivas. Si no es posible, el dormitorio deberá ubicarse en el sector de la casa que represente a una cualquiera de ellas.

La puerta del dormitorio tampoco debería estar sometida a la influencia de cualquiera de los diversos tabúes relativos a ese elemento de la vivienda.

búes del Feng Shui (el más importante es no sentarse de espaldas a la puerta). Si tiene la ocasión, coloque la mesa diagonalmente respecto a la puerta y encarada a su dirección sheng chi. Triunfará en su profesión.

Una oficina es diferente de una casa. Los compañeros de trabajo, los empleados y los jefes interactúan con usted. No tiene nada que ver con la familia y, por lo tanto, debería protegerse contra la traición. Evite también situarse de espaldas a una ventana, a menos que haya un edificio en el exterior que le sirva de apoyo. Al decidir el emplazamiento de su oficina, preste una especial atención a las flechas envenenadas, a los ángulos agudos y a las vigas del techo. Evítelos a toda costa.

Colóquese en su dirección más favorable al negociar, al sentarse en una mesa de reuniones, al realizar una presentación, al ser entrevistado o al pronunciar un discurso. Para no equivocarse, deberá memorizar sus cuatro direcciones positivas. Es una buena idea llevar consigo una brújula de bolsillo. Acostúmbrese a verificar su orientación cuando tenga una reunión o presentación importante. En poco tiempo se habrá convertido en una rutina. Es algo que vengo haciendo durante más de veinte años. En una negociación es esencial sentarse en la mejor dirección.

En sus viajes de negocios o para asistir a una reunión importante, siempre debería partir desde alguna

DIRECCIONES FAVORABLES EN EL TRABAJO

Siéntese en su escritorio mirando a una de las cuatro direcciones favorables y, si es posible, a la sheng chi. Eso será suficiente para que su carrera profesional despegue definitivamente. Conseguirá el éxito con un menor esfuerzo y todo el trabajo arduo se verá mucho más recompensado en términos de reconocimiento, promoción y dinero. Tendrá la mente clara y tomará decisiones acertadas.

Si tiene una empresa, orientarse en la dirección sheng chi le reportará una extraordinaria prosperidad. Cuando desplace el escritorio para acomodarlo en su dirección más favorable, tenga en cuenta todos los ta-

MÁRGENES DE ERROR

Al alinear las puertas, la posición de sentado y de acostado, el margen de error puede oscilar alrededor de dos grados. En las zonas donde las lecturas de la brújula sean poco fiables, a causa de la actividad sísmica, esta fórmula tolera un margen de error ligeramente superior.

de sus cuatro direcciones favorables. Por ejemplo, si pertenece al grupo occidental, viajar desde Nueva York hasta Londres equivale a desplazarse desde el oeste, y eso es positivo. Para ir a Hong Kong, sería preferible hacerlo vía Londres, ya que si viaja a través del Pacífico, se desplazará desde el este y el Feng Shui será negativo. No obstante, si parte del nordeste, no habrá ningún problema; también es una dirección del grupo occidental. Realice este rápido análisis cada vez que proyecte un viaje de negocios y elija la ruta que le traiga buena suerte.

Si se muda a otro país o a otra vivienda, hágalo también desde una de sus cuatro direcciones favorables y, a ser posible, desde la sheng chi si el cambio de residencia está relacionado con su profesión o su empresa.

DIRECCIONES PARA DORMIR

Acuéstese apuntando a una de sus cuatro direcciones favorables. De este modo, mientras duerme, su propio Chi se recarga con la energía procedente de su dirección más beneficiosa. Si puede alinear la cama en esa dirección y la puerta del dormitorio está orientada a una dirección igualmente favorable, la estancia se convertirá en una magnífica fuente de buena suerte. La dirección al dormir es tan importante que vale la pena respetarla aunque eso signifique tener que colocar la cama en un ángulo un poco extraño respecto al resto de la habitación. No obstante, tenga siempre presentes los tabúes relacionados con la ubicación de la cama. No la coloque de cara a la puerta ni entre la puerta de entrada y la del cuarto de baño contiguo. Y lo más importante: la cama nunca debe estar en el centro del dormitorio, sin un apoyo posterior.

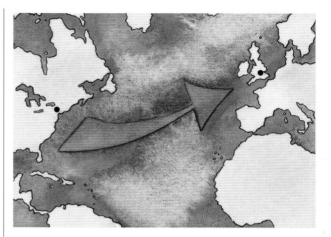

ANTES DE EMPRENDER UN VIAJE DE NEGOCIOS, SELECCIONE LA RUTA QUE LE TRAERÁ LA MÁXIMA BUENA SUERTE.

DIRECCIONES DE LA COCINA

Según los antiguos libros de la fórmula de las ocho mansiones, ésta es una de sus aplicaciones más poderosas. La «boca de fuego» de la cocina (eléctrica, a gas, etc.) o del horno debe estar encarada a una de sus direcciones, a ser posible la tien yi *(véanse pp. 36-37)*, nunca a cualquiera de las cuatro direcciones desfavorables. La boca de fuego se define como la fuente de energía para cocinar los alimentos. En el caso de las cocinas, hornos y teteras eléctricos, la boca de fuego está situada en la conjunción del cable eléctrico con el aparato.

Si funcionan a gas, la boca de fuego suele ser difícil de localizar. En tal caso, la forma más fácil de cumplir este requisito del Feng Shui consiste en usar una olla o una tetera eléctricos para representar el útil de cocina. En las teteras o cocinas eléctricas, será la dirección en la que está orientado el enchufe respecto a la conjunción del cable con el aparato. En los hornos a gas, la boca de fuego es la dirección en la que está encarado el conducto de suministro.

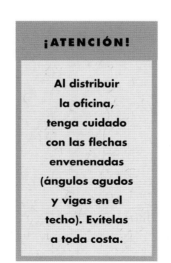

¡ATENCIÓN!

Al distribuir la oficina, tenga cuidado con las flechas envenenadas (ángulos agudos y vigas en el techo). Evítelas a toda costa.

Uso de emplazamientos Lo Shu favorables

Activar las direcciones favorables es la forma más evidente de utilizar la fórmula de las ocho mansiones, aunque también sirve situarse en uno de los emplazamientos favorables. Para identificarlos hay que superponer la cuadrícula Lo Shu de nueve sectores sobre un plano de la casa, de una estancia o de la oficina.

EL DORMITORIO

Todos los ocupantes de una casa deberían estar situados en el sector que se corresponde con una de sus direcciones favorables. Asimismo, si la cabeza de cada persona se alinea en la dirección sheng chi, se potencia la energía. Por otro lado, si la puerta del dormitorio también está orientada en la dirección del sheng chi de su ocupante, se activa un Feng Shui muy poderoso.

Muchas veces es imposible aplicar los tres conceptos. Es más fácil aplicar dos y también resulta beneficioso. En realidad, basta con orientar correctamente la cabeza para obtener un buen Feng Shui. Casi nunca es

práctico a efectos domésticos disponerlo todo según la perspectiva del Feng Shui, pero siempre que las orientaciones sean apropiadas, es decir, partiendo de las cuatro direcciones favorables, se suele considerar que se ha hecho todo lo posible.

EL BAÑO Y LA COCINA

Para el Feng Shui, los cuartos de baño y las cocinas poseen una influencia negativa, pues están destinados a lavar y limpiar, y además, es allí donde se acumulan los residuos domésticos antes de tirarlos. De ahí que estas estancias deban estar ubicadas, si es posible, en aque-

EN ESTE DORMITORIO, EL KUA DEL OCUPANTE ES EL 4. EN LAS TABLAS DE REFERENCIA DE LAS PP. 36-37 COMPROBARÁ QUE SU DIRECCIÓN SHENG CHI ES EL NORTE, QUE CORRESPONDE AL SECTOR 1 LO SHU. SU DORMITORIO Y SU POSICIÓN DE ACOSTADO ESTÁN ALINEADOS A LA PERFECCIÓN, DE MANERA QUE SE BENEFICIARÁ DE UN EXCELENTE FENG SHUI.

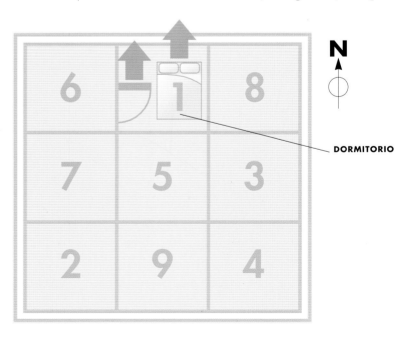

N

DORMITORIO

ORIENTACIONES DE LA COCINA Y EL HORNO

SI LA COCINA O EL HORNO ESTÁ EN:	EL RESULTADO SERÁ:
Emplazamiento sheng chi	Injusticia, impopularidad, sin sustento.
Emplazamiento tien yi	Enfermedad, restablecimiento difícil.
Emplazamiento nien yen	Falta de oportunidades de matrimonio, muchas discusiones y malentendidos
Emplazamiento fu wei	Falta de dinero, vida corta.
Emplazamiento chueh ming	Muchos hijos, dinero, sirvientes, buena salud.
Emplazamiento lui sha	Vida familiar estable, sin tragedias, sin incendios.
Emplazamiento ho hai	No se perderá dinero, no se enfermará.
Emplazamiento wu kuei	Sin incendios, sin robos, sin enfermedad, éxito.

llas zonas de la vivienda que representan sus cuatro direcciones desfavorables. Además, existe la creencia de que los baños y las cocinas atenúan la mala suerte y, en consecuencia, controlan cualquier Shar Chi (energía negativa) o la excesiva energía Yin que pueda haber en estos sectores. Los baños es preferible instalarlos en el sector chueh ming (siniestro total) o en uno de los demás sectores desfavorables. Esta directriz puede ser difícil de seguir si otros ocupantes de la casa tienen números Kua diferentes y, por consiguiente, direcciones

N

BAÑOS

COCINA

ESTE EJEMPLO MUESTRA DÓNDE SE PUEDEN INSTALAR LA COCINA Y LOS CUARTOS DE BAÑO DE UNA PERSONA CUYO NÚMERO KUA ES EL 3. SE APLICA TANTO A LOS HOMBRES COMO A LAS MUJERES. LAS DIRECCIONES DESFAVORABLES DE UN INDIVIDUO CON UN KUA 3 (DE MENOS NEGATIVO A PÉSIMO) SON SUDOESTE (HO HAI, 2), NOROESTE (WU KUIE, 6), NORDESTE (LUI SHA, 6) Y OESTE (CHUEH MING, 7). DE AHÍ QUE UN BAÑO ESTÉ SITUADO EN EL OESTE, LA COCINA EN 8 (NORDESTE) Y EL OTRO BAÑO EN 6 (NOROESTE). NO ES UNA BUENA IDEA QUE LOS CUARTOS DE BAÑO OCUPEN UN GRAN ESPACIO. CUANTO MÁS PEQUEÑA SEA LA PARTE QUE OCUPEN EN CUALQUIER SECTOR BRUJULAR, TANTO MEJOR.

EN ESTE EJEMPLO SE MUESTRA EL TRAZADO DE UNA
OFICINA. LA ESCUADRA LO SHU SE HA SUPERPUESTO
SOBRE EL PLANO. EL NÚMERO KUA DE GEORGE,
UNO DE LOS EJECUTIVOS DE VENTAS, ES EL 6 Y ESTA
SALA SE HALLA EN EL SECTOR 3 (ESTE), DESFAVORABLE
PARA ÉL. PERO ESTÁ MIRANDO AL OESTE,
SU DIRECCIÓN MÁS POSITIVA. SI PUDIERA TRASLADAR
EL DESPACHO A LA SALA DEL SECTOR 7 (OESTE)
Y SENTARSE DE CARA AL NORDESTE, MEJORARÍA
SU SITUACIÓN, Y SI SE TRASLADARA AL DESPACHO
DEL SECTOR 8 (NORDESTE) Y SE SENTARA ORIENTADO
AL OESTE, SU CARRERA COMERCIAL EXPERIMENTARÍA
UN CAMBIO MUY POSITIVO. LAS EMPRESAS DE
VENTAS DEBERÍAN ASIGNAR LOS DESPACHOS
DE SU PERSONAL COMERCIAL SEGÚN LA FECHA
DE NACIMIENTO, PARA QUE CADA INDIVIDUO
DISFRUTARA DE UN ÉXITO PERSONALIZADO.
LA COMPAÑÍA SALDRÍA GANANDO.

ENTRADA A LA OFICINA

desfavorables distintas. En estos casos, es aconsejable planificar el Feng Shui conforme al número Kua y las direcciones del cabeza de familia, para que baño y cocina no estén situados en su emplazamiento sheng chi.

Las cocinas eléctricas o a gas también se pueden instalar en los sectores desfavorables, aunque la boca de fuego de la olla eléctrica o del horno debe estar encarada a una dirección favorable *(véase p. 43 y la tabla de la página anterior)*.

A medida que la mala suerte vaya «quemándose» en el emplazamiento desfavorable, la boca de fuego (la fuente de energía que suele utilizarse para cocinar los alimentos) atraerá la buena suerte desde la dirección favorable.

LA OFICINA Y EL ESCRITORIO

Además de mirar en la dirección favorable, el exacto emplazamiento de la mesa de despacho de la oficina también tiene mucha influencia. Por eso, el Feng Shui de las ocho mansiones siempre recomienda colocar el escritorio o el despacho privado en esa parte de la oficina o edificio que representa su esquina sheng chi. Si no es posible, intente situarla en cualquiera de los otros tres emplazamientos favorables. El grado de infortunio de cada uno de los sectores desfavorables varía considerablemente. Una vez ubicado en una esquina favorable, puede disponer el escritorio de tal manera que, al sentarse, quede orientado en su dirección más beneficiosa, o en una de las cuatro más beneficiosas.

RECOMENDACIÓN FINAL SOBRE EL FENG SHUI
DE LAS OCHO MANSIONES

Los principios que subyacen detrás de las tablas de referencia del Feng Shui de las ocho mansiones son poderosísimos y mejorarán definitivamente su Feng Shui si se aplican como es debido. La interpretación de las fórmulas no es difícil, aunque a menudo la combinación de la teoría, la sabiduría y la ideología con la realidad práctica de la vida diaria puede suponer un auténtico desafío. En general, la multiplicidad de «cosas que hay que verificar» puede ser fatigosa y abrumadora. Hay que tener mucha paciencia. Sin embargo, los resultados suelen ser tan extraordinarios, que le aconsejo no darse por vencido bajo ningún concepto.

La teoría del Feng Shui no es difícil. Incluso las complejidades culturales asociadas a su simbología están al alcance de la mayoría de la gente. No obstante, las doctrinas e ideologías son una cosa y la práctica y la eficacia otra. No se deje influir. Analice las cosas por sí mismo: ¿Ha mejorado o potenciado mi suerte el Feng Shui? Su criterio siempre prevalecerá. Soy consciente de las dificultades derivadas de la aplicación de las fórmulas del Feng Shui. Sé lo que es sentirse frustrada y no saber lo que hacer. Le aconsejo que intente aplicar la fórmula de

ASEGÚRESE DE LLEVAR UNA BRÚJULA CONSIGO ALLÍ DONDE VAYA.

las ocho mansiones a su situación particular y que practique un poco más ayudando a sus amigos. La experiencia suele obrar maravillas. Poco a poco la irá dominando y, al final, le resultará tan fácil que podrá aplicarla sin el menor esfuerzo. Lleve consigo una brújula. Algo tan simple como colocarse en sus direcciones favorables en todas sus relaciones interpersonales (profesionales o sociales) le traerá muy buena suerte.

3

LA FÓRMULA DE LAS NUEVE ASPIRACIONES

Esta fórmula es uno de los métodos más sencillos y, en consecuencia, uno de los más populares del Feng Shui. No requiere ningún cálculo cuantitativo y se basa exclusivamente en atributos asignados a los nueve sectores de la cuadrícula Lo Shu. Cada esquina de la cuadrícula está asociada a una aspiración —desde la riqueza y la buena suerte en las relaciones hasta la educación, la salud y la suerte familiar— y a uno de los cinco elementos. El atractivo de esta fórmula estriba en su simplicidad. Combinando el elemento apropiado con la aspiración elegida, puede empezar inmediatamente a potenciar sus posibilidades. Concéntrese en una aspiración o, si lo prefiere, en las nueve; sus deseos no tardarán en hacerse realidad.

Las nueve aspiraciones

D ado que la fórmula de las nueve aspiraciones no requiere ningún cálculo cuantitativo y se basa en atributos asignados a los nueve sectores de la cuadrícula Lo Shu, es relativamente fácil aplicarla. Lo primero que hay que hacer es determinar qué aspiración está asociada con cada sector de la cuadrícula, es decir, las ocho direcciones situadas alrededor del perímetro de la cuadrícula y la casilla central, relacionada con el centro de la casa, o suerte familiar.

IDENTIFICACIÓN DE LAS ESQUINAS DE LAS NUEVE ASPIRACIONES

Las nueve aspiraciones son: éxito profesional, amor, formación académica, mecenazgo, reconocimiento, prosperidad, longevidad y salud, descendientes con buena estrella y suerte familiar.

La aplicación de la fórmula se reduce a asignar cada aspiración a un sector de la cuadrícula Lo Shu, con lo que se identifica la esquina de la casa que le corresponde. El centro está asociado a la suerte familiar. Las aspiraciones se pueden potenciar concentrándose en el sector relevante e incrementando las energías de su elemento, tal y como se describe en la p. 52.

APLICACIÓN DE LA FÓRMULA

RIQUEZA: SUDESTE

La riqueza y la prosperidad están asociadas al emplazamiento sudeste de cualquier espacio, el cual representa la esquina de la riqueza.

RECONOCIMIENTO: SUR

Hace referencia a la suerte derivada de tener un nombre honorable. Quienes desempeñen una profesión que requiera seducir a las masas y popularidad se beneficiarán de este tipo de suerte.

MATRIMONIO/RELACIONES DE PAREJA: SUDOESTE

Esta aspiración engloba una amplia gama de vínculos emocionales. Se puede potenciar su energía para tener un buen matrimonio o para disponer de oportunidades para casarse, en el caso de los solteros. También fomenta la suerte en las relaciones sociales.

4 SUDESTE Pequeña TIERRA Prosperidad	9 SUR FUEGO Reconocimiento y fama	2 SUDOESTE Gran TIERRA Amor, matrimonio y relaciones de pareja
3 ESTE Gran MADERA Salud y longevidad	5 CENTRO TIERRA Suerte familiar	7 OESTE Pequeño METAL Descendientes o niños
8 NORDESTE Pequeña TIERRA Formación académica	1 NORTE AGUA Profesión	6 NOROESTE Gran METAL Mecenazgo

LA SUERTE EN UNA DETERMINADA ASPIRACIÓN SE PUEDE INCREMENTAR POTENCIANDO EL ELEMENTO DEL SECTOR ESPECÍFICO DE LA CASA, YA QUE CADA ASPIRACIÓN ESTÁ ASOCIADA A UN EMPLAZAMIENTO Y UN ELEMENTO CONCRETOS.

DESCENDIENTES: OESTE

El elemento de esta sección de la casa se puede activar y potenciar sus energías para que la buena suerte bendiga a la siguiente generación. Si no puede tener hijos, es aconsejable activar esta esquina, y si los tiene, hágalo igualmente para que disfruten de un excelente Feng Shui.

MECENAZGO: NOROESTE

Esta aspiración está representada por el noroeste, que corresponde al cabeza de familia. El trigrama correspondiente a esta esquina es Chien, que simboliza el líder de la familia, además del cielo, razón por la que esta sección está considerada como una de las más importantes de toda la vivienda. Para empezar, el cuarto de baño y la cocina nunca deberían ocupar un espacio excesivo de la esquina noroeste, pues tendría un efecto negativo en la suerte del cabeza de familia.

PROFESIÓN: NORTE

Si las puertas principales están situadas aquí, se considera favorable, ya que en otras épocas, el éxito profesional solía dar acceso a un alto cargo al servicio del emperador. Desde una perspectiva del Feng Shui, la suerte profesional se traduce en poder e influencia. Si es un político o un empresario, active esta esquina.

EL ÉXITO PROFESIONAL SE PUEDE POTENCIAR ACTIVANDO EL ELEMENTO SITUADO EN EL NORTE.

FORMACIÓN ACADÉMICA: NORDESTE

Este tipo de suerte beneficia a quienes están cursando estudios o investigando. En la antigua China, quienes poseían una sólida formación académica solían labrarse un futuro muy lucrativo en la corte del emperador. La clave del éxito consistía en superar los exámenes imperiales. En este sentido, el Feng Shui canaliza la suerte del desarrollo personal.

LOS ESTUDIANTES E INVESTIGADORES PUEDEN BENEFICIARSE DE LA SUERTE ACADÉMICA DEL NORDESTE.

LONGEVIDAD Y SALUD: ESTE

Gozar de salud hasta la vejez está considerado como la más importante de las manifestaciones de la buena fortuna. Significa tener la oportunidad de ver a los descendientes prosperando y honrando el apellido familiar.

SUERTE FAMILIAR: EL CENTRO

El centro de la casa carece de trigrama, puesto que se considera el corazón del hogar. Activarlo requiere una energía Yang constante; de ahí que nunca deba quedar vacío ni instalar un cuarto de baño o una cocina. Lo ideal sería colocar aquí el comedor o la sala de estar, creando una armonía muy favorable para toda la familia, tanto entre hermanos como entre esposos. Cuando se pierde la suerte familiar, las disputas son habituales.

Combinación de los cinco elementos

LOS CRISTALES Y GUIJARROS
SIMBOLIZAN LA ESENCIA
DEL ELEMENTO TIERRA.

La forma más fácil de transmitir energía a cada uno de los nueve sectores de la casa consiste en combinar el elemento de la esquina que se desea activar con objetos, formas o colores apropiados, y situándolos en el sector adecuado. Para activar la energía de las nueve aspiraciones, active todos los sectores de la casa, pero ¡cuidado!, no sobreactive ningún sector con un exceso del elemento de que se trate. Crearía desequilibrios.

SUDESTE Y ESTE: PLANTAS

El sudeste trae riqueza y el este buenas relaciones familiares y buena salud. Son los sectores de la madera, y el mejor representante de este elemento son las plantas, porque encarnan su naturaleza intrínseca. La madera es sólo uno de los cinco elementos con vida propia. Por lo tanto, las plantas son los objetos más idóneos que se pueden colocar en estos sectores. Pero elija ejemplares sanos, con flores u hojas anchas y suculentas. Se pueden utilizar plantas artificiales, mucho mejores que las plantas secas, ya que éstas representan la energía letal Yin, que puede resultar muy perjudicial.

También se puede emplear papel pintado, moqueta o tela azul, ya que este color representa el agua, y el agua, a efectos de simbolismo, «produce madera». Una mezcla de azul y verde es excelente en cualquiera de estas esquinas.

¡ATENCIÓN!

Evite los cactus o las plantas atrofiadas de tipo bonsai.

LAS PLANTAS SON LAS MEJORES REPRESENTANTES DEL ELEMENTO MADERA, PUES SIGNIFICAN LA NATURALEZA INTRÍNSECA DE ESTE ELEMENTO. ELIJA PLANTAS SANAS, CON FLORES U HOJAS ANCHAS Y SUCULENTAS.

SUDOESTE, NORDESTE Y CENTRO: CRISTALES Y GUIJARROS

El sudoeste trae amor, romance y buenas relaciones de pareja; el nordeste trae suerte en los estudios, y el centro influye en el entorno familiar. Estos tres sectores están simbolizados por el elemento tierra, que significa abundancia, y poner cristales de cuarzo natural en esas áreas genera energía armoniosa. También los guijarros, las rocas, la cerámica, la arcilla, el granito y el cristal, así como cualquier otra cosa procedente de la tierra, representan el elemento tierra. En consecuencia, colocando objetos hechos de cualquiera de estos materiales creará energías armoniosas de Feng Shui en dichos sectores.

En el ciclo de los cinco elementos, el fuego produce tierra. Por lo tanto, cualquier objeto que contenga rojo combinado con amarillo, ocre o anaranjado será ideal para los sectores de tierra. Use estas tonalidades en todos los tejidos. Una alfombra roja,

por ejemplo, resultará muy atractiva y armonizará a la perfección con objetos de decoración de un cálido color ocre.

NORTE: AGUA

El agua en el sector norte trae suerte a nivel profesional, pero a efectos de Feng Shui, no debe exagerarse, ya que el *I Ching* advierte contra el agua que llega hasta el cénit y rebosa. Demasiada agua es como el Yangtze Kiang cuando se desborda, que trae la muerte, la destrucción y el sufrimiento. No obstante, si se usa en pequeñas dosis y con elegancia, el agua trae una fortuna colosal; no en vano también simboliza el dinero.

Instale un pequeño estanque, una discreta fuente, un acuario o un cuadro con una escena acuática en el norte de la casa. Si dispone de mucho terreno y de jardín, instale una cascada artificial y le traerá una extraordinaria buena suerte. El agua debe circular siempre hacia la vivienda y nunca desde ella. Cuando el agua se aleja de la casa, también lo hace el dinero.

En la sección norte de la vivienda o en la pared norte de las estancias los tejidos pueden ser blancos y negros. Es una combinación cromática maravillosa, pues el agua (negro) y el metal (blanco) se relacionan con

CONSTRUIR UN ESTANQUE EN EL SECTOR NORTE TRAE BUENA SUERTE A RAUDALES.

plena armonía —el metal produce el agua—. También da excelentes resultados combinar colores metálicos con azul o negro.

SUR: LUZ

El elemento fuego en la esquina sur trae reconocimiento, suerte, respeto y fama, y sus mejores representaciones son las lámparas y las arañas de cristal. Puede crear una cálida luminosidad en la sección sur de la casa pintando las paredes de melocotón o marrón, colgando unas cortinas de tonos rojos mate o pintando las puertas de un rojo brillante. Eso activa la energía de la esquina sur, trayendo fama, suerte y prestigio al apellido familiar. En mi casa he colocado un cuenco de cristal con tres ristras de luces navideñas, y las tengo encendidas todo el año. Así pues, no tengo una sola luz, sino centenares de ellas activando mi sector sur.

Los tejidos pueden combinar el verde y el rojo, dos colores ideales desde la perspectiva del Feng Shui. Si el verde y el rojo intensos le parecen demasiado navideños, atenúelos eligiendo con cuidado la combinación de matices que utilice. Los colores no tienen que ser muy vivos para activar el elemento que representan.

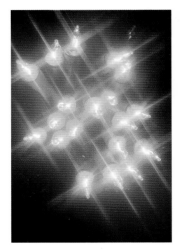

LAS LUCES NAVIDEÑAS SE PUEDEN USAR TODO EL AÑO PARA CREAR UNA LUZ CÁLIDA EN LA SECCIÓN SUR DE LA CASA.

OESTE Y NOROESTE: CARRILLONES METÁLICOS

El oeste trae buena suerte a los hijos y el noroeste influye en la suerte del cabeza de familia. En Feng Shui, los carrillones metálicos cumplen un doble propósito: reducen la mala suerte y activan la buena. Como activadores de energía no tienen rival, ya que expresan los movimientos del viento, y sus repiques generan energía Yang adicional que activa aún más, si cabe, la energía general de estos sectores. En el oeste, puede colgar un carrillón de siete varillas metálicas huecas; de este modo, atraerá la suerte so-

bre sus descendientes, y en el noroeste, uno de seis varillas un poco más grandes.

Ni que decir tiene que los modelos de metales preciosos resultan aún más eficaces. Los carrillones de oro o plata representan la abundancia de la tierra y traen una increíble fortuna. Si los instala en el sector noroeste, sus contactos le proporcionarán un sinfín de beneficios.

En estos dos sectores de la casa, los tejidos deberían ser de todos los matices de blanco y combinaciones de blanco y colores metálicos. Los tonos tierra también son excelentes cuando se combinan con el blanco.

LOS TONOS TIERRA GENERAN UN EXCELENTE FENG SHUI SI SE COMBINAN CON BLANCO. VALE LA PENA TENERLO EN CUENTA AL REDECORAR LA CASA.

SI COLOCA UN CARRILLÓN EN EL SECTOR NOROESTE, DISFRUTARÁ DE INNUMERABLES BENEFICIOS, POTENCIANDO LA BUENA SUERTE Y ATENUANDO LA MALA.

COMPLEMENTO DE LOS POTENCIADORES DE LA ENERGÍA DE LOS ELEMENTOS

Es fácil complementar los potenciadores de la energía de los elementos con técnicas que atraigan la energía Yang a la casa. Identifique las aspiraciones más significativas para usted y fomente la energía Yang sólo en estos sectores. No es aconsejable hacerlo en todos; en Feng Shui es crucial no excederse. La familia es incapaz de tolerar demasiada energía Yang —los chinos suelen decir que se padece un excesivo calor—. Además, cuando la energía Yang llena por completo la vivienda y desplaza a la energía Yin, se produce un desequilibrio que conduce a la desaparición de la energía Yang; una de las situaciones más desfavorables que se pueden producir.

Una vez elegidas las aspiraciones más importantes en su vida, atraiga la energía Yang siguiendo cualquiera de los métodos siguientes:

- En el este, sudeste, sudoeste, nordeste, centro y sur use luces brillantes y arañas de cristal. En el este y sudeste, las luces coadyuvan al florecimiento de la suerte. En los demás sectores traen buena suerte en forma de oportunidades.

- En el oeste y el noroeste la música es fundamental. Tenga la radio o la televisión encendida.

- En el este, sudeste o norte, ponga peces o tortugas.

- En cualquier sector de la casa, los animales de compañía generan energía Yang. Los perros y los gatos, por ejemplo, representan la fuerza de la vida. Este método es ideal para viviendas que permanecen vacías durante la mayor parte del día.

COLOQUE UNA PECERA EN EL ESTE, SUDESTE O NORTE
PARA ACTIVAR LA ENERGÍA YANG EN ESTOS SECTORES.

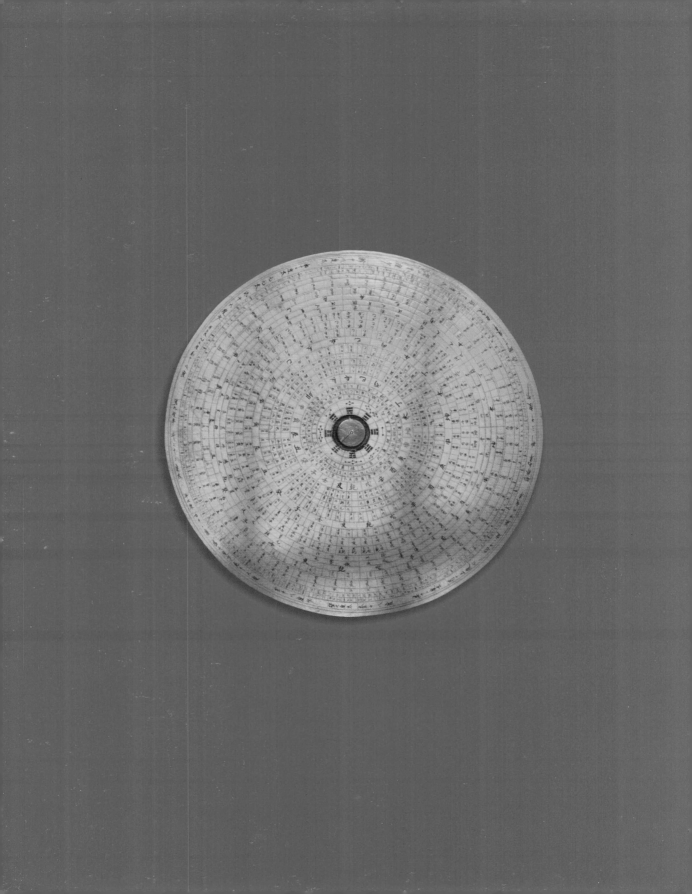

4

LA FÓRMULA DE LA ESTRELLA FUGAZ

La fórmula de la estrella fugaz representa un Feng Shui bastante avanzado y puede resultar un poco más compleja que las otras fórmulas. En este capítulo encontrará las secuencias paso a paso y las tablas que le ayudarán a comprender esta fórmula tan importante. Se basa en la cuadrícula Lo Shu y aborda la dimensión temporal del Feng Shui, haciendo un especial hincapié en el cálculo y la lectura de la carta natal de una casa, que revela cuáles son sus sectores favorables y desfavorables durante un determinado período de tiempo. Existen cartas precalculadas de estrellas fugaces, con notas detalladas, muy útiles para que los practicantes aficionados comprendan y apliquen esta fórmula extremadamente poderosa.

Ciclos temporales

El Feng Shui de la estrella fugaz es una ciencia adivinatoria que trata de los ciclos del tiempo que definen los períodos de buena y mala suerte de una casa. Por término medio, el ser humano pasa por cuatro períodos de veinte años, favorables o desfavorables dependiendo del caso. La fórmula de la estrella fugaz determina la fortuna de las viviendas según estos ciclos temporales, partiendo de la base de la fecha de construcción o de la última reforma.

En el Feng Shui de la estrella fugaz, o Fey Sin Feng Shui, los períodos de tiempo de la suerte se consideran ciclos, cada uno de los cuales dura 180 años, repartidos en nueve períodos de veinte años. Según el Tong Shu o almanaque chino, nos hallamos en el período inferior del actual ciclo de 180 años, que concluye el año 2043. A su vez, cada período de dos décadas está gobernado por un número. El período actual está gobernado por el número 7.

El número que gobierna cada período de veinte años, del 1 al 9, se coloca en el centro de la cuadrícula mágica Lo Shu. La distribución numérica resultante de la cuadrícula constituye el punto de partida del análisis del Feng Shui de la estrella fugaz.

LA CUADRÍCULA LO SHU EN EL FENG SHUI DE LA ESTRELLA FUGAZ

Una vez situado el número que gobierna cada período, los ocho restantes se asignan a su casilla correspondiente en base a la secuencia numérica de la cuadrícula Lo Shu original. Este movimiento de los dígitos se conoce como «vuelo», y los números propiamente dichos, como «estrellas». De ahí el nombre de Feng Shui de la estrella fugaz.

La secuencia de vuelo es esencial y muy útil para comprender cómo calculan los movimientos de las estrellas fugaces los maestros practicantes del Feng Shui. El primer paso consiste en examinar dos cuadrículas Lo Shu: la original, con el número 5 en el centro, y la del período actual, con el número 7 en el centro (*véase la página siguiente*).

Cuenta la leyenda que la cuadrícula Lo Shu original fue traída del fondo del río Lo por una tortuga celestial alrededor del año 2205 a.C. Los números se basaron en los puntos que llevaba marcados en el caparazón, que se distribuyeron en un trazado numérico cuadricular

EL CICLO ACTUAL DE 180 AÑOS	
PERÍODO SUPERIOR	
1864 a 1883	número rector 1
1884 a 1903	número rector 2
1904 a 1923	número rector 3
PERÍODO INTERMEDIO	
1924 a 1943	número rector 4
1944 a 1963	número rector 5
1964 a 1983	número rector 6
PERÍODO INFERIOR	
1984 a 2003	número rector 7 (período actual)
2004 a 2023	número rector 8 (período futuro inmediato)
2024 a 2043	número rector 9 (período futuro a largo plazo)

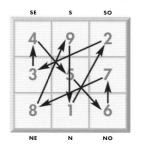

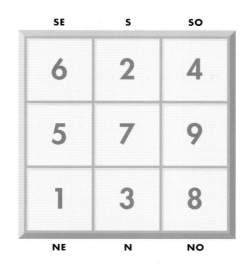

CUADRÍCULA LO SHU ORIGINAL
CON EL NÚMERO 5 EN EL CENTRO.

CUADRÍCULA LO SHU
CORRESPONDIENTE AL NÚMERO
RECTOR 7. COMO VERÁ, LOS
NÚMEROS SE HAN REDISTRIBUIDO.

de tres por tres sectores, y ya se sumasen vertical, horizontal o diagonalmente, siempre daban 15, el número de días del ciclo lunar.

Observe la cuadrícula original. Fíjese en cómo se mueven o vuelan los números a través de la cuadrícula en una secuencia determinada. Como verá, lo hacen en orden ascendente y su «trayectoria de vuelo» traza un diseño que también se parece al signo del Sigilo de Saturno *(derecha)*. Ésta es la clave principal para desvelar los secretos de la fórmula de la estrella fugaz. La secuencia de tres cifras cuya suma es 15 no se aplica en las sucesivas redistribuciones de los números de la cuadrícula Lo Shu. Eso se debe a que el dígito central cambia, y con él, todos los demás.

El Feng Shui de la estrella fugaz es una ciencia adivinatoria porque el experto es capaz de desarrollar complejos diagramas de estrellas fugaces y, a partir de ellos, predecir el momento exacto en el que se producirán sucesos trágicos y ocasiones felices.

El Feng Shui de la estrella fugaz puede predecir graves enfermedades de los ocupantes de determinadas habitaciones detectando la presencia de estrellas negativas. También pueden predecir accidentes y muertes. Asimismo, el Feng Shui de la estrella fugaz es capaz de anticipar el nacimiento de un bebé, el matrimonio de los hijos y la celebración de aniversarios a edades muy avanzadas. Estos últimos casos (nacimientos, matrimonios y cumpleaños longevos) se conocen como las ocasiones más felices en la vida del hombre, proyectando el Feng Shui positivo hasta la cima de la dicha. El Feng Shui de la estrella fugaz revela el momento en el que se producirán estos felices acontecimientos, pero sólo a aquellos adeptos que saben interpretar la forma en la que las estrellas (los números) interactúan entre sí.

La aplicación de la fórmula de la estrella fugaz es una de las más complejas de todas las del Feng Shui. Para tener éxito, deberá tener en cuenta los cuatro pasos siguientes:

1 Aprender a elaborar la carta natal de una casa.
2 Conocer las cuadrículas Lo Shu de cada año según el calendario chino.
3 Interpretar los significados de las combinaciones de estrellas o números en la carta natal y en el calendario.

LA TRAYECTORIA DE VUELO DE LAS
ESTRELLAS FUGACES O NÚMEROS
REVELA UN SIGNO PARECIDO AL
SIGILO DE SATURNO HEBREO.

4 En el caso de detectar estrellas negativas, saber cómo contrarrestar la mala suerte. Cada una de estas fases se trata más adelante en este capítulo.

Cálculo de la carta natal

E l cálculo de la carta natal es complicado y lleva tiempo, pero revela muchas cosas sobre la suerte potencial de la casa. La carta natal es una mina de oro de información que si se aprovecha como es debido puede traer una enorme prosperidad a los miembros de la familia y ayudarles a eludir una buena parte de los infortunios y de las enfermedades y accidentes fatales. Para simplificar las cosas a los practicantes aficionados, las páginas siguientes contienen secuencias paso a paso y ejemplos prácticos.

1 DETERMINACIÓN DEL PERÍODO

1 *Busque el año de construcción de la vivienda. Eso determinará el período y el número que lo gobierna, lo que a su vez determinará la cuadrícula Lo Shu (véanse pp. 58-59). Una vez localizado el número rector, podrá elaborar la cuadrícula básica. Por ejemplo, si la casa se construyó entre 1964 y 1983, estará gobernada por el número 6.*

2 *Infórmese de si la casa ha sido reformada a fondo —o redecorada, ya que la redecoración también puede considerarse como una reforma (véase cuadro de la derecha)—. De este modo, si la vivienda se construyó entre 1964 y 1983 y se reformó después de 1983, estará gobernada por el número 7.*

LA PRIMERA FASE DEL CÁLCULO DE LA CARTA NATAL ES SABER CUÁNDO SE CONSTRUYÓ LA CASA. LUEGO CALCULE QUÉ NÚMERO LA GOBIERNA.

DEFINICIONES DE REFORMA

Según los maestros de Feng Shui, determinar lo que constituye una reforma es importante porque hace cambiar el número rector de la casa. En Hong Kong, la reforma se define como la demolición del techo y de las paredes para reconstruirlos de nuevo. En Malasia, un prestigioso experto de las estrellas fugaces me contó que cuando se repinta una casa y se realiza algún que otro trabajo de albañilería, también se reforma. En resumidas cuentas, que la redecoración también se acepta como una especie de reforma.

LAS CUADRÍCULAS LO SHU DE LOS NUEVE NÚMEROS RECTORES

Las cuadrículas Lo Shu de cada uno de los nueve números rectores se muestran en la página siguiente. Fíjese en los numerales que se contienen en el centro (número que gobierna el año) y en los de las casillas restantes. En las cuadrículas Lo Shu, el sur siempre se sitúa en la cuadrícula central superior. Cuando cambia el período, el dígito central también cambia, al igual que los números de las otras ocho casillas. El próximo período se iniciará en el Año Nuevo lunar 2004 y su número rector (casilla central) será el 8.

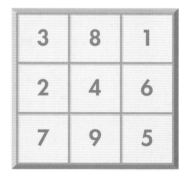

9	5	7
8	1	3
4	6	2

CUADRÍCULA LO SHU PARA EL NÚMERO RECTOR 1

1	6	8
9	2	4
5	7	3

CUADRÍCULA LO SHU PARA EL NÚMERO RECTOR 2

2	7	9
1	3	5
6	8	4

CUADRÍCULA LO SHU PARA EL NÚMERO RECTOR 3

3	8	1
2	4	6
7	9	5

CUADRÍCULA LO SHU PARA EL NÚMERO RECTOR 4

4	9	2
3	5	7
8	1	6

CUADRÍCULA LO SHU PARA EL NÚMERO RECTOR 5

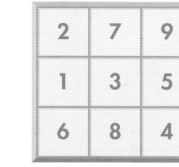

5	1	3
4	6	8
9	2	7

CUADRÍCULA LO SHU PARA EL NÚMERO RECTOR 6

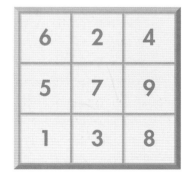

6	2	4
5	7	9
1	3	8

CUADRÍCULA LO SHU PARA EL NÚMERO RECTOR 7

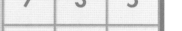

7	3	5
6	8	1
2	4	9

CUADRÍCULA LO SHU PARA EL NÚMERO RECTOR 8

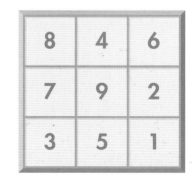

8	4	6
7	9	2
3	5	1

CUADRÍCULA LO SHU PARA EL NÚMERO RECTOR 9

2 DETERMINACIÓN DE LA DIRECCIÓN Y EMPLAZAMIENTO EXACTOS DE LA PUERTA PRINCIPAL

El paso siguiente para confeccionar la carta natal de la casa consiste en determinar la dirección de la puerta principal *(véanse pp. 22-23)*. También hay que delimitar y superponer la cuadrícula Lo Shu de nueve sectores sobre el plano de la vivienda *(véase p. 25)*.

En el Feng Shui de la estrella fugaz, la dirección y el emplazamiento de la puerta principal también puede significar la orientación general de la casa; cada maestro practicante le da una interpretación diferente. Así pues, al determinar la dirección de la puerta principal es esencial considerar las cuatro opciones más importantes que se utilizan y se enseñan en la actualidad. Son las siguientes:

1 Unos toman en consideración la orientación general de la vivienda (hacia donde mira toda la edificación).

2 Otros prefieren el lado de mayor energía Yang (donde reside la mayor actividad, como por ejemplo la carretera principal, la autopista o el lugar más ruidoso).

3 Los hay que toman en cuenta el área más iluminada (la orientación de la mayoría de las ventanas de la casa, por ejemplo).

4 Algunos maestros consideran la dirección en la que está orientada la puerta principal (mirando hacia fuera).

Por mi parte, prefiero usar este último criterio, ya que es el más sencillo.

DETERMINAR CON EXACTITUD LA DIRECCIÓN DE LA PUERTA PRINCIPAL ES MUY IMPORTANTE PARA CALCULAR LA CARTA NATAL DE LA CASA.

3 DETERMINACIÓN DEL EMPLAZAMIENTO DE LAS ESTRELLAS DEL AGUA Y DE LA MONTAÑA

La dirección de la puerta principal determina los números de las estrellas del agua y de la montaña, que están situadas en la cuadrícula central, a derecha e izquierda, respectivamente, del dígito de la estrella principal.

La estrella del agua es la «estrella encarada» o *siang sin*, y la de la montaña es la «estrella sentada» o *chor sin*.

1 *Una vez determinada la dirección de la puerta, asóciela con el número apropiado en la cuadrícula Lo Shu correspondiente. Por ejemplo, si la casa está gobernada por el número 7 y la puerta principal mira al oeste, el número de la estrella del agua será el 5.*

2 *Anote un 5 pequeño a la derecha del número de la estrella principal 7, en el centro de la carta natal.*

3 *La estrella de la montaña se obtiene observando el número principal situado en la dirección opuesta a la del emplazamiento de la puerta. En este caso, es el 9.*

4 *Anote un 9 pequeño a la izquierda del número de la estrella principal 7, en el centro de la carta natal.*

Se dice que la estrella del agua es favorable si tiene el número 1, 6 u 8. En este período de 7, el número 7 también se considera positivo.

La estrella de la montaña está considerada como la estrella sentada, siempre opuesta a la del agua, que se describe como la estrella encarada. En consecuencia, si la estrella de la montaña está en el norte, se dice que está sentada en el norte y encarada al sur, y si está en el este, estará sentada en el este y encarada al oeste.

La estrella de la montaña también se suele considerar favorable cuando le corresponde el número 1, 6, 7 u 8.

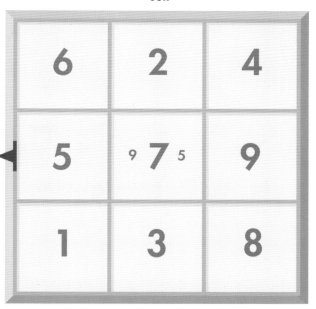

SUR

NORTE

EL NÚMERO 7 ES EL QUE GOBIERNA EL PERÍODO ACTUAL Y ESTÁ SITUADO EN EL CENTRO DE LA CUADRÍCULA LO SHU. LA ESTRELLA DEL AGUA (5 PEQUEÑO) ESTÁ A SU DERECHA Y LA ESTRELLA DE LA MONTAÑA (9 PEQUEÑO) A SU IZQUIERDA.

4 DETERMINACIÓN DE LOS RESTANTES NÚMEROS DE LA ESTRELLA DEL AGUA

Determine ahora la trayectoria de vuelo de cada una de las tres estrellas a través de la cuadrícula Lo Shu.

1 *Para empezar, recuerde que la trayectoria de vuelo de las dos estrellas secundarias sigue la del número de la estrella principal. Eso significa que las estrellas volarán de un sector a otro de la cuadrícula según el movimiento del Sigilo de Saturno que se muestra en la p. 59. De este modo, por ejemplo, sabemos que el siguiente emplazamiento después del 7 tanto para la estrella del agua como para la de la montaña corresponderá al sector en el que el número de la estrella principal sea el 8, en este caso el noroeste. A continuación, al sector en el que el número de la estrella principal sea el 9 (p.e., sector oeste), etc.*

2 *Lo que nos interesa saber es qué número de la estrella del agua estará en el sector noroeste y, luego, en los demás. Eso se determina observando si la trayectoria de vuelo de la estrella del agua es positiva o negativa. Positiva significa que los números irán en orden ascendente, y negativa que su vuelo será descendente. Para saber si la trayectoria es positiva o negativa, vuelva a la puerta principal y determine con exactitud la dirección en la que está orientada.*

3 *Divida las direcciones cardinales y secundarias de la brújula en tres subdirecciones, hasta un total de 24. Al determinar la dirección de la puerta, verifique si está mirando en la subdirección 1, 2 o 3 de la dirección correspondiente.*

4 Para puertas principales situadas en una de las direcciones cardinales: *Partiendo de la cuadrícula Lo Shu original, los números de las cuatro direcciones cardinales son impares. Así, por ejemplo, sur es 9, norte 1, este 3 y oeste 7.*

Para todas las cifras impares, el movimiento de la estrella del agua es más, menos, menos (+ − −) en las tres subdirecciones. En nuestro ejemplo, la puerta principal mira al este, de manera que se trata de un número impar. Como resultado:

• Si la puerta está orientada en la primera subdirección, el vuelo de la estrella del agua será positivo y los números serán ascendentes (p.e., de 5, 6, 7, etc.).
• Si la puerta principal está orientada en la segunda o tercera subdirección, el movimiento de la estrella del agua será negativo y los números serán descendentes (p.e., 5, 4, 3, etc.).

En el ejemplo de la página siguiente, la estrella del agua vuela con una trayectoria positiva, puesto que la puerta principal mira a la primera subdirección (este). También se incluye la carta natal con las estrellas del agua en su emplazamiento correspondiente.

5 Para puertas principales situadas en una de las direcciones secundarias: *Partiendo de la cuadrícula Lo Shu original, los números equivalentes son pares. Por lo tanto, el sudeste es 4, el sudoeste 2, el nordeste 8 y el noroeste 6. Para todos los números pares, el movimiento de la estrella del agua es menos, más, más (− + +). Eso quiere decir que:*
• Si la puerta principal está mirando en cualquiera de las direcciones secundarias y se halla en el primer subsector, el movimiento de la estrella del agua es descendente (p.e., 5, 4, 3, etc.).
• Si la puerta está orientada al segundo o tercer subsector, el vuelo es ascendente (p.e., 5, 6, 7, etc.).

He incluido tablas precalculadas y un análisis de cada variación para el período de 7 en las pp. 72-87, aunque antes de consultarlas, es importante saber leer las cartas.

5 DETERMINACIÓN DE LOS RESTANTES NÚMEROS DE LA ESTRELLA DE LA MONTAÑA

La trayectoria ascendente o descendente de los números de la estrella de la montaña durante su vuelo a través de la carta natal depende de si el dígito central es par o impar.

1 Si el número central es impar, la secuencia de vuelo es más, menos, menos (+ − −). Eso significa que las cifras serán ascendentes si la puerta principal apunta en la primera subdirección, y descendente si lo hace en la segunda o tercera subdirección. Una vez más, la dirección de la puerta principal es fundamental.

DIRECCIONES SEGÚN LAS LECTURAS DE LA BRÚJULA					
	ORIENTACIÓN (GRADOS)		ORIENTACIÓN (GRADOS)		ORIENTACIÓN (GRADOS)
Sur 1	157,5–172,5	Sur 2	172,5–187,5	Sur 3	187,5–202,5
Norte 1	337,5–352,5	Norte 2	352,5–007,5	Norte 3	007,5–022,5
Este 1	067,5–082,5	Este 2	082,5–097,5	Este 3	097,5–112,5
Oeste 1	247,5–262,5	Oeste 2	262,5–277,5	Oeste 3	277,5–292,5
Sudoeste 1	202,5–217,5	Sudoeste 2	217,5–232,5	Sudoeste 3	232,5–247,5
Sudeste 1	112,5–127,5	Sudeste 2	127,5–142,5	Sudeste 3	142,5–157,5
Nordeste 1	022,5–037,5	Nordeste 2	037,5–052,5	Nordeste 3	052,5–067,5
Noroeste 1	292,5–307,5	Noroeste 2	307,5–322,5	Noroeste 3	322,5–337,5

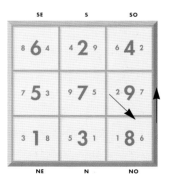

LUO PAN —BRÚJULA DE FENG SHUI—
SIMPLIFICADA, QUE MUESTRA CÓMO
CADA UNA DE LAS OCHO DIRECCIONES
SE DIVIDE EN TRES SUBDIRECCIONES.
ÚSELA PARA DETERMINAR LA
SUBDIRECCIÓN EN LA QUE MIRA LA
PUERTA PRINCIPAL.

En el ejemplo, está orientada en la primera subdirección del este y el número central es impar. De manera que el vuelo de la estrella de la montaña es positivo

De ahí que, si la puerta mira en la primera subdirección, las cifras volarán en orden descendente, y si lo hace en la segunda o tercera subdirección, volarán en orden ascendente.

y, por consiguiente, ascendente. Consulte la carta natal completa abajo a la derecha.

2 Si el número central de la estrella de la montaña es par, la secuencia será menos, más, más (− + +).

SE	S	SO
8 **6** 4	4 **2** 9	6 **4** 2
7 **5** 3	9 **7** 5	2 **9** 7
3 **1** 8	5 **3** 1	1 **8** 6
NE	N	NO

LOS NÚMEROS DE LA ESTRELLA
DEL AGUA SE NUEVEN DE MODO
POSITIVO, INDICANDO QUE
LA PUERTA PRINCIPAL MIRA
HACIA LA PRIMERA
SUBDIRECCIÓN DEL ESTE.

6 LECTURA DE LAS CARTAS NATALES

La combinación de los números estelares en las nueve casillas ofrece lecturas muy detalladas de la suerte en cada uno de los nueve sectores de la casa. La interpretación de estos dígitos constituye la esencia del Feng Shui de la estrella fugaz.

- **Los números de cada sector y sus combinaciones.** Existen 81 combinaciones numéricas, y cada período muestra la preponderancia de determinadas combinaciones. Asimismo, las combinaciones tienen distintos grados de buena y mala suerte según los períodos. Lo que trae buena suerte en el período de 7 puede ser desafortunado en el de 8. Así, por ejemplo, el doble 7 (cuando tanto la estrella del agua como la de la montaña son 7) se considera el más beneficioso en el período actual de 7, pero se tornará perverso —el más perjudicial— cuando entremos en el período que se inicia el 8 de febrero de 2004.

- **Sus elementos correspondientes y cómo interactúan con los de la cuadrícula en la que vuelan.** Por ejemplo, el número 9 (fuego) volando hacia el este (madera) traería mala suerte al este, ya que el fuego destruye la madera, mientras que el 1 (agua) volando hacia el sudeste (madera), sería favorable, pues el agua produce madera.

- **¿Estrellas de la montaña o estrellas del agua?** Por ejemplo, si la estrella de la montaña vuela hacia un sector en el que hay una pared o una montaña próxima, sería favorable, pero si hay un estanque, sería muy desfavorable en el caso de que a la estrella de la montaña le correspondiese un número favorable. En cambio, si la cifra fuese desfavorable y cayese en el agua, ¡cabría pensar que la mala suerte puede tener remedio!

SI LOS NÚMEROS 1, 6, 7 U 8 APARECEN EN EL SECTOR EN EL QUE ESTÁ SITUADA LA PUERTA PRINCIPAL LE TRAERÁN BUENA SUERTE.

Cuando haya completado la carta de la estrella fugaz, será capaz de comprender por qué puede estar disfrutando de algún tipo de buena suerte o por qué está atravesando un período de infortunio, enfermedad o accidentes.

1 *Aplique este análisis a su casa trazando la carta de la p. 61 y superponiéndola sobre el plano de la vivienda (véanse pp. 24-25). Procure hacerlo con la máxima precisión y utilizando un plano a escala.*

2 *En general, este tipo de análisis del Feng Shui se aplica a todo el edificio o vivienda y no a estancias independientes. Quienes residan en un piso o apartamento deberían realizar un análisis de la estrella fugaz con un plano de toda la planta. No obstante, activando buenas estrellas también se puede aplicar a cada habitación.*

3 *Puede basar el análisis de los números en la tabla de las pp. 70-71, o bien en los ciclos e interacciones de los elementos.*

EMPLAZAMIENTO DE LA PUERTA PRINCIPAL

Compruebe cuántos números afortunados 1, 6, 7 u 8 tiene en el sector en el que se halla la puerta principal. Si los tres dígitos son favorables, el sector es excelente para la puerta. Si son desfavorables (5 o 2), la puerta principal será «desdichada» durante este período, hasta el año 2004, a menos que haga reformas en la casa y la convierta en una vivienda de un período de 8.

Para contrarrestar el efecto negativo de las estrellas fugaces, se pueden hacer varias cosas:

- Emplear la fórmula para determinar una dirección más beneficiosa para la puerta principal, aunque eso

suponga desplazarla y recolocarla en un emplazamiento más positivo. A veces, basta cambiar la orientación de la primera a la segunda subdirección para solucionar el problema, ya que eso altera la trayectoria de vuelo de las estrellas del agua y de la montaña.

- Investigar a fondo los números desfavorables. Así, por ejemplo, si la estrella del agua tiene el dígito desafortunado 5 o 2, atenúe la mala suerte colocando un gran objeto de metal cerca de la puerta; si la estrella de la montaña tiene el 2 o el 5, ponga un accesorio de agua para «ahogar la montaña». En este caso, el agua estancada da mejores resultados que el agua corriente.

EMPLAZAMIENTO DEL DORMITORIO PRINCIPAL

Si alguno de los dormitorios de la casa es desdichado a causa del número 5, la estrella de la enfermedad o algo peor (un doble 5, un 5 y un 2 o un doble 2), es aconseja-

¡ATENCIÓN!

Contrarreste la influencia negativa de una estrella de la montaña 2 o 5 con un accesorio de agua cerca de la puerta principal.

SI EL 2 Y EL 5 APARECEN EN CUALQUIER SECTOR OCUPADO POR UN DOMITORIO, CAMBIE LA DIRECCIÓN DE LA PUERTA O COLOQUE UN CARRILLÓN DE SEIS VARILLAS PARA ELIMINAR LA ENERGÍA NEGATIVA.

ble trasladar de inmediato a su ocupante a otra habitación. Un doble 5 significa una grave enfermedad que podría conducir a la muerte. Un 2 y un 5 siempre presagia un desastre, un siniestro grave, accidentes fatales o enfermedades crónicas.

Si detecta un 2 y un 5 en cualquier sector ocupado por un dormitorio, mude a sus ocupantes y use la estancia de bodega o despensa. Si le resulta imposible, intente manipular la carta de la estrella fugaz utilizando otra puerta o cambiando su dirección. Si tampoco es viable, siempre le queda el último recurso de colgar un carrillón de seis varillas metálicas para atenuar el efecto funesto del 5 y el 2. Los carrillones de seis varillas son un modo muy poderoso de controlar las estrellas fugaces desfavorables.

El significado de los números

A plicar el Feng Shui de la estrella fugaz requiere experiencia en la interpretación del significado de los números y de sus combinaciones en cada casilla. En esta sección explico el valor de las parejas y los tríos del mismo número favorable (1, 6, 7, 8 o 9) en una casilla. Asimismo, en las pp. 70-71 se incluye una tabla que muestra cómo pueden influir en la casa las diferentes combinaciones de estrellas del agua y de la montaña. Si el efecto es negativo, hay formas de moderarla, y si es positivo, se puede potenciar la energía.

Como es natural, sería imposible explicarlo todo sobre el Feng Shui de la estrella fugaz en este libro, pero si es capaz de comprender el significado positivo y negativo de los números, podrá conjurar el Feng Shui extremadamente funesto, y eso debería ser suficiente como herramienta complementaria para practicar otras técnicas de Feng Shui. En otras palabras, debería esforzarse para usar el Feng Shui de la estrella fugaz como un

SI HAY UN TRIPLE 6 EN EL SECTOR DE LA PUERTA PRINCIPAL, SUS HIJOS SERÁN EXCELENTES ESTUDIANTES.

arma defensiva contra la dimensión temporal desfavorable del Feng Shui en general.

PAREJAS Y TRÍOS FAVORABLES

Según los textos del Feng Shui de la estrella fugaz, cuando algunos números se dan en pareja o trío se traducen en una asombrosa buena suerte, la cual puede adoptar muchas formas y no siempre significa riqueza y prosperidad, sino que también puede significar tener muchos hijos, buena salud, honores familiares o el poder y la influencia ampliados y potenciados.

Doble 1. Augura una generación brillante y la continuidad de la fortuna durante sesenta años. El doble 1 es un signo positivo en el Feng Shui de la estrella fugaz, sobre todo en el sector norte, ya que el número 1 es el dígito del norte. Poténcielo con agua y verá como su carrera profesional despega definitivamente.

Doble 6. Cuando se da en el sector en el que está situada la puerta principal, significa una extraordinaria riqueza. Sus hijos serán magníficos estudiantes. Si posee en triple 6 en su carta de la estrella fugaz, potencie ese sector con un carrillón de seis varillas metálicas. No instale cuartos de baño o cocinas en los sectores con triples 6; «apuñalaría» la buena suerte.

Doble 7. Esta combinación augura una suerte económica financiera durante el período 7. Una vez más, si tiene un sector con un doble 7, instale una de las estancias importantes de la vivienda. Eso sucederá en las cartas de la estrella fugaz del período 7 cuya puerta principal tenga un doble 7, pero en el período siguiente, el doble 7 será desafortunado. Cambie la dirección de la puerta antes de entrar en él.

Doble 8. En el sector nordeste es una combinación muy poderosa. Si es éste su caso, sus hijos destacarán en la sociedad, trayendo prosperidad y honor a la familia. En el sector de la puerta principal, esta combinación augura prosperidad para toda la familia. El dinero irá en aumento a partir del 2004.

Doble 9. En el sur trae una fama inimaginable. Eso es así porque en este sector el doble 9 se convierte en un triple 9, dado que el número del sur también es 9. Es una combinación superfavorable, en especial para los políticos. Los hogares con esta característica en la carta natal serán prósperos como mínimo durante sesenta años.

SIGNIFICADO DE LAS COMBINACIONES NUMÉRICAS ESTELARES

ESTRELLA DE LA MONTAÑA	ESTRELLA DEL AGUA	PRONÓSTICOS Y RESULTADOS DE LA COMBINACIÓN	ACTIVADORES DE LAS COMBINACIONES FAVORABLES O REMEDIOS PARA LAS DESFAVORABLES
1	2	Problemas conyugales y peligro de siniestros El agua en la montaña también es un signo de grave peligro, como si la montaña se precipitara en el agua	Use plantas para drenar el agua y fortalecer el elemento tierra
2	1	El matriarcado es demasiado fuerte y ocasiona problemas conyugales	Use metal para eliminar
1	3	Riqueza y fama	Use agua y plantas acuáticas para activar
3	1	Los augurios de prosperidad son tan poderosos que si carece del karma/suerte para vivir en esta casa, cambiará de residencia	Plante un bambú para potenciar la suerte
1	4	Suerte en la política, publicidad, medios de comunicación y amor	Use un accesorio de agua de circulación lenta, sin exagerar la cantidad
4	1	Suerte en el amor, aunque demasiada agua provoca escándalos sexuales, relaciones que desembocan en la infelicidad y ruptura familiar	Coloque una estatua Kuan Yin
1	5	Problemas de salud relacionados con los riñones	Use un carrillón
5	1	Problemas auditivos. Enfermedad sexual	Use un carrillón
1	6	Favorable. Inteligencia con grandes dotes comerciales	Potencie con metal
6	1	Suerte financiera y triunfadores en la familia	Potencie con metal
1	7	Buena suerte financiera sólo en el período 7; en el 8, esta combinación significa pérdida de riqueza	Potencie con cristales de cuarzo o un árbol de piedras preciosas
7	1	Prosperidad ilimitada	Potencie con un accesorio de agua
1	8	Extraordinaria suerte en cuestiones de salud, en el período 8	Potencie con cristales de cuarzo
8	1	Suerte extraordinaria y favorable Suerte financiera y familiar	Potencie con agua
1	9	Buena combinación, pero puede ser mala si aparece un 5	No lo potencie
9	1	Igual que el anterior	No interfiera
2	3	Discusiones y litigios muy graves. Puñalada por la espalda, traición, disputas legales. Desfavorable	Use una gran urna o recipiente de agua estancada para enfriar los ánimos. No ponga música ni use carrillones
3	2	Tan negativo como el anterior y peligroso para los políticos. Tendencia a la obesidad	Algunos maestros recomiendan oro y fuego
2	4	Riñas entre esposas y suegras. Falta de armonía	Use agua
4	2	Enfermedad de órganos internos. El marido tiene aventuras	Use agua
2	5	Extremadamente desfavorable. Siniestro total y catástrofe	Use muchos carrillones. ¡Cuidado! no coloque ningún fuego o árbol, pues podría atraer la muerte; no instale una cocina en 2/5
5	2	Infortunios, mala suerte ilimitada. Las enfermedades pueden ser fatales	Use un carrillón
2	6	Vida de placer. Esta combinación favorable se echa a perder si se coloca un carrillón de cinco varillas	Use un carrillón
6	2	Mucha riqueza. Todo marcha bien	No hace falta potenciarlo
2	7	Riqueza y dinero durante el período 7, aunque mala suerte para los hijos, ya que se producirán problemas de fecundación. ¡Fatal durante el período 8!	Use metal (campanas) en el período 7 y agua en el período 8
7	2	La suerte financiera se disipa. Se modera la suerte de los hijos	Use un carrillón
2	8	Riqueza y fortuna, pero mala salud, aunque sin demasiada importancia; se puede remediar	Use agua para vencer la mala estrella de la salud

SIGNIFICADO DE LAS COMBINACIONES NUMÉRICAS ESTELARES

ESTRELLA DE LA MONTAÑA	ESTRELLA DEL AGUA	PRONÓSTICOS Y RESULTADOS DE LA COMBINACIÓN	ACTIVADORES DE LAS COMBINACIONES FAVORABLES O REMEDIOS PARA LAS DESFAVORABLES
8	2	Mejor que la anterior. Suerte financiera	Aplique el principio de la montaña
2	9	Estrepitosa mala suerte. Nada sale bien a menos que se remedie	Use plantas acuáticas
9	2	Mejor suerte que la anterior	Use agua
3	4	Peligro de inestabilidad mental. Tendencia al estrés	Use luces brillantes
4	3	Tensión emocional a causa de problemas de pareja	Use el color rojo para superarlo
3	5	Pérdida de la riqueza. Graves problemas económicos. Si hay un dormitorio, la pérdida financiera será grave. Si hay una cocina, la enfermedad será inevitable. Es mejor no permanecer en esta área de la casa	Elimine el 5 con metal, pero no carrillones o campanas. Use cobre
5	3	Problemas económicos. Disputas. Mala suerte en los negocios	Use agua
3	6	Período de crecimiento lento	Use agua
6	3	Ganancia imprevista. Suerte especulativa	Potencie con piedras preciosas/semipreciosas
3	7	Sufrirá algún robo o atraco. Violencia. No es tan desfavorable en un período 7, pero el atraco es seguro en un período 8	Use agua
7	3	Grave peligro de lesiones en extremidades. Tenga cuidado	Use agua
3	8	No es bueno para los niños menores de 12 años	Use luces brillantes
8	3	Aleje a los niños de este sector	Use rojo o amarillo
4	5	Propensión a las enfermedades contagiosas. Cáncer de mama	Use agua/montaña
5	4	Tan desfavorable como la anterior	Use agua/montaña
4	6	Mala suerte para las mujeres que lleven cargas pesadas	Fortalezca el elemento tierra
6	4	Ganancia imprevista para las mujeres	Potencie con un carrillón
4	7	Mala suerte en el amor. Le engañará el sexo opuesto	Use agua
7	4	Viaje con alguien del sexo opuesto	Use agua
4	8	Desfavorable para los niños muy pequeños	Use luces para combatir
8	4	Matriarcado con exceso de poder. La vida amorosa de la joven generación sufrirá a causa de las artimañas maternas	Use fuego o el color rojo para vencerlo
4	9	Tiempo de preparación. Favorable para los estudiantes	Use madera o plantas
9	4	Buena suerte para quienes inicien un nuevo negocio/empleo	Use agua para potenciar
5	7	Problemas a causa del excesivo chismorreo. Peligro de intoxicación o algo relacionado con la boca	Use metal en un período 7 y agua en un período 8
7	5	Igual que 5/7	
5	8	Problemas asociados con las extremidades, articulaciones y huesos. Cuidado con los deportes duros	Use agua para apaciguar
8	5	Igual que 5/8	
5	9	Mala suerte y mal humor. Excesivos trastornos mentales o estrés. Infelicidad	Use un carrillón
9	5	Igual que 5/9	
6	7	Fetidez de aliento	Use agua
7	6	Igual que 6/7	
6	8	Riqueza, popularidad, prosperidad. Enorme fortuna. Quizá sea la mejor combinación en la fórmula de la estrella fugaz	Potencie con agua y asegúrese de tener una puerta o ventana en este sector
8	6	Igual que 6/8	
7	9	Gravísimos problemas durante el período 8, causados por una excesiva vulnerabilidad a las insinuaciones sexuales. Peligro de incendio	Use agua o tierra (grandes parterres) para atenuar la mala suerte.
9	7	Igual que 7/9	

Cartas precalculadas de la estrella fugaz

En esta sección se incluyen las cartas precalculadas de la estrella fugaz de todas las casas, oficinas y edificios construidos o reformados entre el 4 de febrero de 1984 y el 4 de febrero de 2004, un lapso de veinte años que corresponde al período 7 de las cartas de la estrella fugaz. Hay 16 cartas en total, relativas a 24 direcciones de la puerta principal *(véase p. 65)*. Sí, hemos dicho bien, 16 cartas, no 24, ya que las subdirecciones 2 y 3 comparten la misma.

SUR 1

• Esta casa posee una excelente pareja estelar 7 en el sector en el que está situada la puerta delantera. Lamentablemente, el número de la estrella principal es el 2 y eso causa algunos trastornos, aunque en general la puerta es positiva. Ponga una planta cerca de ella para atenuar el desfavorable 2.

• El sector oeste es muy negativo. La combinación 5/9 provocará mucho estrés y creará graves problemas a quien duerma o trabaje en esta zona. Cuelgue un cuchillo curvado de la pared para contrarrestar estas estrellas negativas.

NOTAS

Cada carta de estrella fugaz se presenta en dos formatos distintos:

• Primero utilizando el sistema tradicional Lo Shu para la ubicación de las direcciones. Recuerde que la dirección sur está arriba, no abajo.

• Luego, para simplificar el análisis a los lectores, se han reorientado de tal manera que la dirección de la puerta principal siempre está arriba.

Superpóngalo sobre el plano de su casa *(véanse pp. 24-25)*.

• La mejor estancia de la vivienda es la del sector nordeste, donde la combinación de las estrellas 1, 6 y 8 traerán una extraordinaria buena suerte a su ocupante. Es pues aconsejable instalar en este sector el dormitorio de matrimonio.

Puerta principal orientada a sur 1

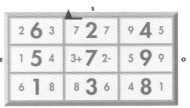

CUADRÍCULA CONVENCIONAL

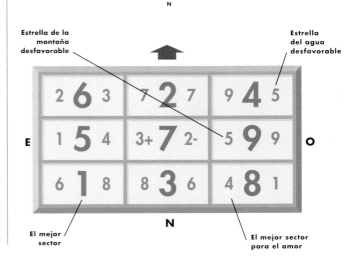

Estrella de la montaña desfavorable

Estrella del agua desfavorable

El mejor sector

El mejor sector para el amor

No instale nunca el cuarto de baño o la cocina en este sector de la casa.

- El sector noroeste es positivo para las relaciones sentimentales, y el número principal 8 trae dinero y amor.
- En el sudoeste, la estrella del agua es 5. Coloque una planta para diluir la influencia de este 5 negativo. Si no es suficiente para vencer la combinación 5/9, use el metal para expulsar la energía reactivada de la tierra 5. En el oeste, la estrella de la montaña también es 5; instale un accesorio de agua para contrarrestar este dígito desfavorable.

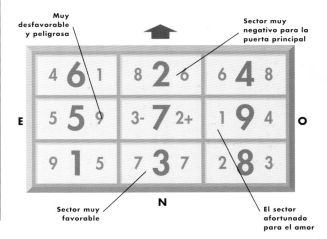

UNA PLANTA CERCA
DE LA PUERTA
PRINCIPAL SUR 1
CONTRARRESTA LA
MALA SUERTE.

talan estancias importantes en el sector noroeste (el dormitorio de matrimonio o el despacho del cabeza de familia), los problemas legales podrían convertirse en un auténtico problema. Procure que reine la calma en dicho sector y apaciguar estas estrellas desfavorables con combinaciones metal/fuego y un poco de energía relajante Yang. El silencio es fundamental en ambas zonas; de lo contrario, las disputas y las peleas podrían llegar a ser violentas.

- La casilla más afortunada es la norte, con un doble 7, y la sudoeste 6/8. Active su energía e instale allí todas las estancias importantes.

SUR 2 O 3

- Esta casa tiene buenas estrellas en la cuadrícula de la puerta delantera, con una estrella del agua 6 y una estrella de la montaña 8. No obstante, dado que la dirección es sur (elemento fuego), un accesorio de agua podría provocar la colisión de ambos elementos. No es pues recomendable utilizar el agua cerca de la puerta. También influiría negativamente la estrella de la montaña favorable, cuyo número es 8, propiciando el hundimiento de la montaña en el agua. La mejor manera de activar la energía de la combinación 6/8 (riqueza y reconocimiento) es dejarla intacta.
- En la casilla este hay un doble 5. Así pues, se trata de un sector muy desdichado. No instale ningún dormitorio en él durante el período 7, puesto que el doble 5 provoca la maduración del karma de la enfermedad. Los niños podrían enfermar con frecuencia. Coloque un carrillón de seis varillas o cuelgue un cuchillo curvado para expulsar el doble 5 de esta casilla.
- El noroeste y el centro sufren la influencia negativa de la combinación 3/2 de estrellas pendencieras. Si se ins-

Puerta principal orientada a sur 2 o 3

CUADRÍCULA CONVENCIONAL

	S	
4 **6** 1	8 **2** 6	6 **4** 8
5 **5** 9	3- **7** 2+	1 **9** 4
9 **1** 5	7 **3** 7	2 **8** 3

N

Muy desfavorable y peligrosa

Sector muy negativo para la puerta principal

4 **6** 1	8 **2** 6	6 **4** 8
5 **5** 9	3- **7** 2+	1 **9** 4
9 **1** 5	7 **3** 7	2 **8** 3

E — O

N

Sector muy favorable

El sector afortunado para el amor

NORTE 1

- Esta casa tiene una puerta delantera positiva con la estrella del agua 8 y la estrella de la montaña 6. Si instala un accesorio de agua, como por ejemplo una pequeña cascada con el agua fluyendo hacia la puerta, le traerá mucha prosperidad. La puerta trasera también es afortunada. Por lo tanto, en el período 7 será muy favorable una puerta situada en el norte y orientada en la primera subdirección del norte.

- Los sectores conflictivos son el centro y el sudeste. Las disputas conyugales serán constantes si el dormitorio

UN ACCESORIO DE AGUA EN EL NORTE TRAE MUY BUENA FORTUNA A ESTA CASA.

de matrimonio está situado en estos sectores, a causa de la combinación 3/2. La 2/3 del centro se conoce como «sha asesino, combativo y obstinado», generando riñas, discusiones, pleitos, reclamaciones, puñaladas por la espalda y una intensa hostilidad de los desconocidos hacia los residentes. Supérelo con pequeñas cantidades de metal y fuego (rojo y oro). ¡El silencio debería ser sepulcral en la combinación 3/2 del sudeste!, ya que ocasiona disputas profesionales que pueden conducir a pérdidas y litigios. Atenúe su efecto con el elemento fuego (líquidos brillantes).

- Los sectores nordeste y sur de esta vivienda son muy positivos. Instale todas las estancias importantes en estas áreas. La excelente combinación 8/6 en el nordeste significa riqueza y poder. Si su dormitorio se halla en este sector, disfrutará de una extraordinaria fortuna. Actívela con energía de la tierra.

- En el sur está la combinación favorable doble 7, de nuevo muy favorable en el período 7, ¡pero en el 8 se traducirá en robos a mano armada! Así pues, queda avisado: cambie la puerta principal o la puerta trasera antes del 2004.

- La combinación 1/4 en el noroeste y en el este significa suerte en el romance/amor y logros académicos. Sin embargo, una cantidad excesiva de agua en cualquiera de estos sectores desemboca en escándalos sexuales. El equilibrio es esencial. Plante lirios y lotos para atraer lo positivo sin lo negativo.

- Las combinaciones 9/5 y 5/9 en el oeste y sudoeste son muy peligrosas. Raras veces traen riqueza, pero con frecuencia provocan graves trastornos mentales y financieros. La presión y el estrés suelen ser el resultado más habitual de ambas combinaciones. Use metal y agua para combatirlas.

- Este comentario cambiará para el período 8 (año 2004).

Puerta principal orientada a norte 1

CUADRÍCULA CONVENCIONAL

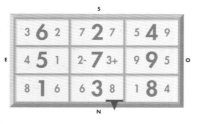

S

3 **6** 2	7 **2** 7	5 **4** 9
E 4 **5** 1	2- **7** 3+	9 **9** 5 O
8 **1** 6	6 **3** 8	1 **8** 4

N

CUADRÍCULA REORIENTADA

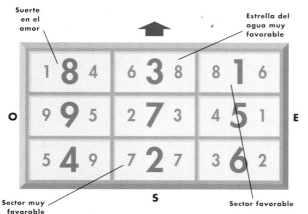

Suerte en el amor

Estrella del agua muy favorable

1 **8** 4	6 **3** 8	8 **1** 6
O 9 **9** 5	2 **7** 3	4 **5** 1 E
5 **4** 9	7 **2** 7	3 **6** 2

S

Sector muy favorable

Sector favorable

NORTE 2 O 3

- Esta casa posee una puerta delantera muy favorable con un doble 7. Eso quiere decir que tanto la estrella del agua como la de la montaña son benéficas durante este período 7. Si instalara un gran accesorio de agua cerca de la puerta, la prosperidad alcanzaría a todos los residentes. La puerta trasera también es positiva (estrella de la montaña 6). Aun así, si construye un muro posterior, a modo de apoyo, la suerte se incrementará sustancialmente. Dado que la puerta trasera está en el sur y le corresponde el elemento fuego, aprovechar el influjo de la estrella de la montaña es una forma excelente y rápida de prosperar.
- El obstáculo principal que detecta la carta de la estre-

LOS OBJETOS METÁLICOS CONTRARRESTAN LOS PROBLEMAS FINANCIEROS Y DE SALUD EN EL OESTE.

lla fugaz para esta vivienda es el augurio de grave aflicción para la armonía familiar (centro) y el cabeza de familia (noroeste). Como observará, ambos emplazamientos tienen la combinación pendenciera 2/3. Eso significa que habrá gritos, enfados, discusiones y falta de entendimiento entre los residentes en la vivienda. Sin embargo, también representa mucho dinero, que podría servir de consuelo.

- No instale un dormitorio en los sectores este y nordeste, pues hay un doble 5 en el primero. (Nota: el número de la estrella principal y de la estrella del agua en el este ocasionará graves enfermedades a sus ocupantes.) Asimismo, las combinaciones 5/9 en ambas zonas anuncian graves problemas relacionados con la salud y el dinero. Use metal o agua para expulsar la tierra 5. Cada maestro recomienda una solución diferente para contrarrestar la 5/9.
- La combinación 1/4 en el sudeste traerá suerte en el amor y en el dinero, pero si hay algún accesorio de agua, el amor será de naturaleza escandalosa (p.e., cuando uno o ambos miembros de una pareja casada consiente en una relación ilícita). La combinación 4/1 en el oeste tiende a traer suerte en el amor, aunque de una forma más estable. Una vez más, el dinero va unido al romance. Potencie su influencia con metal, pero no use carrillones; es preferible el metal fijo; de lo contrario, la relación acabará en escándalo.

Puerta principal orientada a norte 2 o 3

CUADRÍCULA CONVENCIONAL

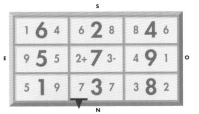

CUADRÍCULA REORIENTADA

Buena suerte en el amor, pero el agua causa relaciones sexuales escandalosas

Estos dos sectores son desdichados

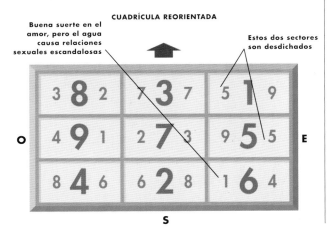

ESTE 1

- En esta casa la puerta principal está en el este, donde el número de la estrella principal es 5. En general, en este período 7 una puerta principal en el este no es positiva, pero después del año 2004, en el período 8, la suerte mejorará. Sin embargo, en la carta inferior los dígitos de la estrella del agua y de la montaña del sector de la puerta suman 10, y eso es un buen augurio. Habrá ciertos meses en los que se disfrutará de muy buena suerte, pero sin continuidad, de forma irregular. Algunos libros antiguos aseguran que la combinación 3/7 en el sector de la puerta supone una amenaza de robo a mano armada o de estafa para los residentes de la vivienda. El verdadero peligro reside en los pies o las piernas. Los mayores de 45 años deberían ser cuidadosos y evitar el uso de la puerta.

- El sector más afortunado es el noroeste, donde los tres números 1, 6 y 8 traen una buena suerte excep-

cional a cualquiera que ocupe esta zona de la casa. Si el dormitorio de matrimonio está situado aquí, el cabeza de familia resulta muy beneficiado y la suerte se extiende a toda la familia. Coloque un «jarrón de la fortuna» lleno de piedras semipreciosas en este sector para activar la energía y potenciar su buena suerte.

- Los otros sectores positivos son el sudeste y el nordeste, aunque la suerte no es tan extraordinaria como en el noroeste. Si coloca una tortuguera con agua y una sola tortuga en el sector norte activará la estrella del agua favorable, trayendo dinero y éxito al hogar.

- La combinación 1/5 en el norte causará problemas relacionados con trastornos auditivos y enfermedades sexuales a quienes tengan el dormitorio en ese sector. Puede contrarrestarlo con un ornamento metálico. El agua también es beneficiosa.

- La combinación 1/6 en el noroeste es magnífica para los estudios y los niños.

- La 2/7 en el oeste indica riqueza, pero ausencia de suerte para los niños. Use metal para controlar eso.

Puerta principal orientada a este 1

CUADRÍCULA CONVENCIONAL

CUADRÍCULA REORIENTADA

Estrella del agua favorable

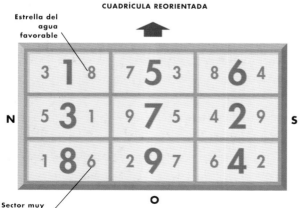

Sector muy afortunado

UN «JARRÓN DE LA FORTUNA» CON PIEDRAS SEMIPRECIOSAS SE PUEDE PONER EN EL SECTOR NOROESTE PARA AUMENTAR LA BUENA SUERTE DEL CABEZA DE FAMILIA.

ESTE 2 O 3

- En esta casa la puerta principal también está ubicada en el este, donde el número 5 de la estrella principal causa problemas. No obstante, la estrella del agua de la puerta es 7, favorable, de manera que cualquier accesorio de agua en el este traerá buena suerte, además de «ahogar» el dígito 2, negativo, de la estrella de la montaña. Construya una pequeña cascada con el agua circulando hacia la casa, no a la inversa.

- Los sectores favorables son el sudoeste y nordeste. En ambos, la estrella del agua es beneficiosa (elemento tierra volando en sectores tierra). En el sudoeste, el número 8 estelar fomenta la esencia positiva del sector. Si el dormitorio de la madre de familia reside en esta zona, gozará de una excelente buena suerte. Sin embargo, la combinación 3/8 podría perjudicar a los niños menores de 12 años. Alójelos en otro sector.

UN PEQUEÑO MONTÍCULO DE PIEDRAS PINTADAS DE DORADO EN EL JARDÍN TRAE PROSPERIDAD EN EL SECTOR NORDESTE.

Puerta principal orientada a este 2 o 3

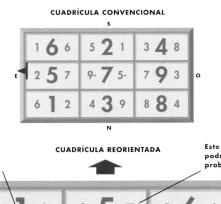

CUADRÍCULA CONVENCIONAL

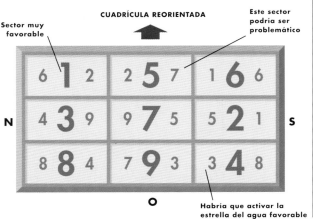

CUADRÍCULA REORIENTADA

- En el nordeste, el número 2 del elemento tierra también fomenta el elemento de este sector, y la estrella de la montaña 6 significa hallazgo de oro en la montaña. El número principal de esta cuadrícula es el 1, igualmente beneficioso, lo que hace que el nordeste sea un sector privilegiado. Es una buena idea activar su energía simulando una montaña de oro (pequeño montículo en el jardín con piedras pintadas de dorado). Trae prosperidad. La combinación 2/6 también indica una vida fácil y acomodada con muchísimo oro (p. ej., metal).

- La combinación 1/6 en el sector sudeste significa una enorme habilidad financiera e inteligencia para los residentes.

- El sector sur, con la estrella de la montaña 5 y una estrella principal 2, es negativo, al igual que el centro, con la combinación 9/5. Los miembros de la familia tendrán frecuentes problemas y corren el riesgo de sufrir enfermedades y falta de armonía.

OESTE 1

- En esta casa la estrella del agua del sector de la puerta principal es 2, un número de mal agüero. No obstante, teniendo en cuenta que se trata del sector oeste y que 2 representa el elemento tierra, resulta beneficiosa. Por lo tanto, el 2 no afecta demasiado a la puerta. La estrella de la montaña es 7, afortunado, de manera que la puerta principal disfruta de buena suerte y trae dinero, aunque la combinación 2/7 es negativa para los niños.

- El sector del noroeste es muy favorable. Corresponde al cabeza de familia y la combinación 1/6 significa una extraordinaria destreza financiera. La estrella del agua en este sector es 1, superpositiva. Anuncia la llegada de la prosperidad. De ahí que sea fundamental activar la energía de esta estrella con un carillón de varillas metálicas. Recuerde que el metal produce agua. El 6 de la estrella de la montaña incrementa la buena suerte. No destruya la influencia benéfica de este sector instalando un cuarto de baño o una cocina. Sería un tremendo desperdicio de buen Feng Shui, ya que se trata de la parte más afortunada de la vivienda.

- En la sección trasera de la casa, en el sector este, aparece la combinación desdichada 3/7 sobre una estrella principal 5. El este es especialmente negativo; quien tenga el dormitorio ahí, sufrirá robos y atracos, incluso con violencia. ¡Salga cuanto antes de este sec-

ACTIVE LA ENERGÍA DEL SECTOR NOROESTE CON UN CARRILLÓN METÁLICO. INCREMENTARÁ LA PROSPERIDAD.

tor! Es preferible instalar la cocina; de este modo atenuará los malos augurios. Esta situación no es tan trágica durante este período 7, pero en el 8 constituirá un auténtico problema. Coloque un pequeño accesorio de agua lo más cerca posible de la puerta trasera para contrarrestar la pésima combinación estelar.

- El sector sudoeste trae buena suerte a la madre de familia. La combinación 2/6 sugiere un estilo de vida cómodo para ella y para las demás mujeres que residan en la vivienda. Se puede potenciar aún más con metal/oro, fortaleciendo la estrella 6, de metal.

Puerta principal orientada a oeste 1

CUADRÍCULA CONVENCIONAL

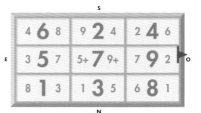

CUADRÍCULA REORIENTADA

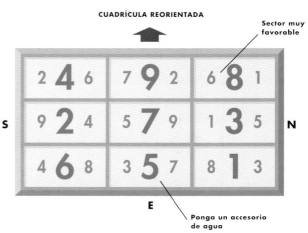

Sector muy favorable

Ponga un accesorio de agua

LAS MUJERES DE LA CASA DISFRUTARÁN DE UNA VIDA ACOMODADA COLOCANDO METAL, COMO ESTE CUCHILLO CURVADO, EN EL SECTOR SUDOESTE.

OESTE 2 O 3

- En esta casa la estrella del agua del sector de la puerta principal es 7, un número afortunado, y además suma 10 si se combina con la estrella de la montaña 3. Ésta es una manifestación favorable de las estrellas fugaces. Cuelgue un carrillón de siete varillas cerca de la puerta delantera para activar esta beneficiosa estrella del agua. Pero ¡ojo! La combinación 3/7 también indica robo a mano armada, seguro en el período 8, pero igualmente posible en el 7 actual. Los residentes deberían andarse con cuidado.

- El sector de la puerta trasera en el este es muy desdichado. Aquí, la estrella del agua es 2 y la estrella principal 5. Cuando coinciden, las cifras 2 y 5 pueden suponer un grave peligro para la salud de quien ocupe este sector o para todos los residentes si se trata de una estancia común (comedor, sala de estar, etc.).

- La combinación 2/7 también trae mala suerte a los niños, y el 5 de la estrella principal indica peligro relacionado con el fuego. Además, durante algunos meses del año, cuando el 2 o el 5 es el lo shu del mes, el riesgo será extremadamente agudo. Instale la cocina, bodega o despensa en el este; así mantendrá a raya eficazmente las estrellas negativas. También es una magnífica idea cambiar de sector la puerta trasera y trasladarla al nordeste o sudeste.

- La combinación 2/6 en el nordeste significa perspectivas de dinero y de vida cómoda, que se puede potenciar con un carrillón, y la 6/1 en el sudeste indica sensatez con el dinero.

- El sector sur es peligroso. Una vez más, encontramos el 2 y el 5 juntos (infortunio). La estrella del agua es desdichada y, habida cuenta de que éste es el sector

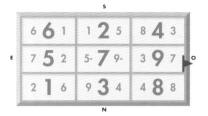

Puerta principal orientada a oeste 2 o 3

CUADRÍCULA CONVENCIONAL

S

6 **6** 1	1 **2** 5	8 **4** 3
7 **5** 2	5- **7** 9-	3 **9** 7
2 **1** 6	9 **3** 4	4 **8** 8

E ◄ ► O

N

CUADRÍCULA REORIENTADA

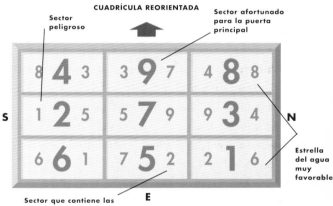

Sector peligroso

Sector afortunado para la puerta principal

8 **4** 3	3 **9** 7	4 **8** 8
1 **2** 5	5 **7** 9	9 **3** 4
6 **6** 1	7 **5** 2	2 **1** 6

S — N

Estrella del agua muy favorable

Sector que contiene las estrellas de la enfermedad

E

del fuego, quien ocupe esta zona podría padecer una enfermedad fatal relacionada con los riñones o los genitales, o sufrir una pérdida económica y familiar. Ponga un gran roca para eliminar la energía negativa. Algunos maestros sugieren el uso de metal.

COLOQUE UNA GRAN ROCA EN EL SECTOR SUR PARA ELIMINAR LA ENERGÍA NEGATIVA. ES UNA ZONA PELIGROSA Y PODRÍA OCASIONAR GRAVES ENFERMEDADES.

SUDOESTE 1

- Esta casa disfruta de una puerta delantera favorable, ya que se beneficia extraordinariamente del doble 7 de las estrellas del agua y de la montaña. El 7 suele ser afortunado en el período actual (hasta el año 2004), aunque hay que tener en cuenta que en el próximo, el 8, la buena suerte se transformará en infortunio y el doble 7 provocará robos a mano armada. Así pues, cambie de emplazamiento la puerta antes del 2004. Por el momento, la esquina oeste recibe el influjo positivo de la madre tierra. Por lo tanto, en esta vivienda son las mujeres y, sobre todo, la madre de familia, las destinatarias de la mayor parte del Feng Shui favorable. Todo lo que emprenda la madre, tendrá éxito. Para asegurar el mantenimiento de la fortuna durante todo este período, procure que el sector sudoeste esté bien iluminado en todo momento.

- Hay sectores problemáticos: oeste y noroeste, con la combinación 3/2. El varón o el padre de familia será pendenciero, y cuando los niños crezcan, abundarán las discusiones. Eso se debe a que el noroeste y el oeste son desdichados. Coloque accesorios de agua (peceras y acuarios) en ambos sectores para sosegar el estado de ánimo, y un accesorio de agua estancada o un fuego con metal (rojo y oro) para controlar las estrellas negativas.

- El sector norte es favorable. Disfruta de la combinación de una estrella de la montaña 6 y una estrella del agua 8. Ambas son positivas en esta esquina. La 6/8 trae riqueza y popularidad, que se puede potenciar con elementos de tierra o agua.

- El nordeste también es afortunado, ya que trae popularidad y amor a los residentes. Es aquí donde debería instalarse el comedor o la sala de estar. Ponga plantas y un pequeño accesorio de agua, aunque no demasiada, pues podría desencadenar escándalos sexuales.

- El sur y el sudeste son muy desdichados. Las combinaciones 5/9 causan estrés y aflicciones mentales. Use metal para superarlos.

PONGA UNA PECERA O ACUARIO EN EL SECTOR OESTE O NOROESTE PARA PREVENIR LAS DISPUTAS FAMILIARES.

Puerta principal orientada a sudoeste 1

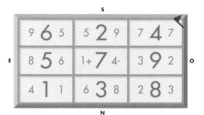

CUADRÍCULA CONVENCIONAL

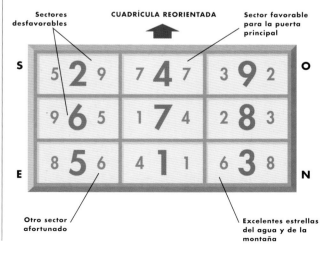

CUADRÍCULA REORIENTADA

Sectores desfavorables

Sector favorable para la puerta principal

Otro sector afortunado

Excelentes estrellas del agua y de la montaña

SUDOESTE 2 O 3

- Esta casa disfruta de una estrella del agua favorable en el sector de la puerta delantera. El número 1 pertenece al elemento agua, de ahí que no haya necesidad de construir ningún accesorio de agua para activar la suerte. Sin embargo, el 4 indica un exceso de elemento madera, negativo en el sudoeste, pues ésta expulsa y destruye la tierra. Para contrarrestarlo, coloque un pequeño cuchillo curvado o un carrillón (metal) en este sector. Por otro lado, la combinación 4/1 fomenta el amor y la popularidad social, pero también puede dar lugar a escándalos si hay un exceso de agua.
- La zona de la puerta trasera goza de un maravilloso doble 7. En consecuencia, si está situada en el nordeste, la casa se beneficiará de un Feng Shui excelente. Pero no instale el cuarto de baño en este sector, ya que atenuaría la buena suerte del doble 7. Destinar este sector a sala de estar o comedor sería bueno para todos.
- El sector más desfavorable de la casa es el este, ya que los tres números estelares sugieren una enfermedad fatal, una pérdida extrema e incluso la muerte. El 5 y el 2 juntos son terriblemente negativos, y si a ello se añade el 3, el efecto global es de destrucción y lágrimas. La combinación 3/2 también es de mal agüero, y a nivel profesional se traduce en pleitos y litigios. La falta de armonía es absoluta. Instale un cuarto de baño en esta casilla para «drenar» la mala suerte. Algunos maestros de Feng Shui aconsejan poner un papel pintado rojo y oro en esta zona, para simular el fuego y el metal y controlar la combinación 3/2.
- El sudeste también es desdichado con la combinación 3/2. El fuego y el metal podrían resultar eficaces.
- El sur y el oeste disponen de la superfavorable combinación 6/8, que trae riqueza y popularidad. Instale aquí los dormitorios de la vivienda y active la energía de ambos sectores con cristales de cuarzo.

Puerta principal orientada a sudoeste 2 o 3

CUADRÍCULA CONVENCIONAL

S

2 6 3	6 2 8	4 4 1
3 5 2	1- 7 4+	8 9 6
7 1 7	5 3 9	9 8 5

E ... O

N

CUADRÍCULA REORIENTADA

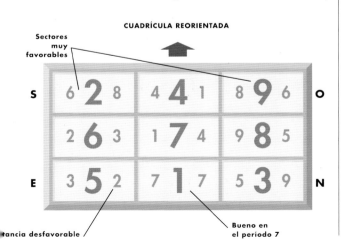

Sectores muy favorables

6 2 8	4 4 1	8 9 6
2 6 3	1 7 4	9 8 5
3 5 2	7 1 7	5 3 9

S ... O

E ... N

...ancia desfavorable

Bueno en el período 7

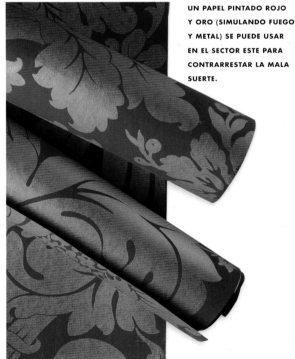

UN PAPEL PINTADO ROJO Y ORO (SIMULANDO FUEGO Y METAL) SE PUEDE USAR EN EL SECTOR ESTE PARA CONTRARRESTAR LA MALA SUERTE.

SUDESTE 1

- En esta casa, la puerta delantera en el sudeste tiene una estrella del agua 7, favorable, pero el 7 pertenece al elemento metal y al proceder del sector de la madera (el sudeste pertenece al elemento madera), provoca desequilibrios energéticos. Por lo tanto, la buena suerte será temporal y se disipará pronto. La combinación 7/9 sugiere peligros de incendio y enormes problemas causados por la excesiva tolerancia en el sexo y las aventuras sentimentales. Es una buena idea usar objetos de agua o tierra para controlar las estrellas negativas.

- La casilla sur también es desfavorable. El doble 2 provoca siniestros y enfermedades. Asimismo, la combinación 4/2 puede crear problemas con los suegros y enfermedades asociadas con los órganos internos. Use agua para atenuar la desdicha. No instale ningún dormitorio en el sector sur.

- El noroeste, que tradicionalmente es el emplazamiento del cabeza de familia, tiene una estrella del agua desfavorable. El número 5 trae enfermedad a esta casilla. La combinación 5/7 indica trastornos vinculados con la boca (enfermedades bucales, peligro de envenenamiento o problemas ocasionadas por hablar demasiado). Utilice agua para combatirlos.

- El sector norte tiene una excelente combinación 3/1, que trae riqueza y popularidad. También se beneficiará de la presencia del agua, ya que el norte pertenece al elemento agua. La presencia de la estrella favorable y del número 1 propicia la buena fortuna. Sin embargo, no exagere las cosas y mantenga el equilibrio.

- El sector más negativo es el nordeste, donde la combinación 5/3 es extremadamente perniciosa para la riqueza. Para empeorar más la situación, el 5 corresponde a la estrella de la montaña. No instale aquí el dormitorio y no active ninguna energía. Coloque el cuarto de baño o la bodega-despensa en esta parte de la casa.

LOS RIESGOS DE INCENDIO SON UNA CARACTERÍSTICA DEL SECTOR SUDESTE. USE AGUA O TIERRA PARA CONTROLAR LAS ESTRELLAS DESDICHADAS.

Puerta principal orientada a sudeste 1

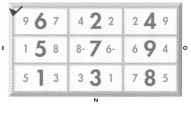

CUADRÍCULA CONVENCIONAL

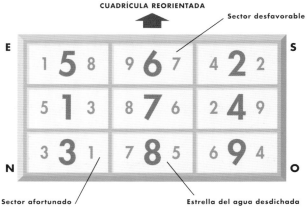

CUADRÍCULA REORIENTADA

Sector desfavorable

Sector afortunado

Estrella del agua desdichada

SUDESTE 2 O 3

- Esta casa tiene una estrella del agua 3 en la casilla de la puerta delantera, en el sudeste. Sustitúyala por otra puerta, ya que ésta es negativa y trae malos augurios. La combinación 5/7 indica problemas derivados del cotilleo y la mala reputación. También ocasiona enfermedades relacionadas con la boca. La mala suerte se extiende tanto al período 7 como al 8. Poniendo una gran planta cerca de la puerta delantera se diluirá un poco el infortunio, aunque no del todo. La estrella de la montaña del período 7 es beneficiosa, de manera que las rocas tienen una influencia positiva. Algunos maestros recomiendan usar agua, y otros metal (un carrillón, etc.) para vencer a las estrellas desfavorables.

- La desdicha en los sectores sur y norte deriva de la combinación 3/2, la 3/1 en el sur sugiere riqueza y popularidad, y la 4/2 del norte presagia problemas de salud relacionados con los órganos internos. Contrárréstela en el norte colocando una urna llena de agua; enfría los estados de ánimo violentos y, en cierta medida, supera los trastornos de salud. En el sur, active la combinación estelar positiva con agua, que potencia la magnífica estrella del agua 1, a la vez que serena la exaltación de ánimo provocada por las estrellas pendencieras 3/2.

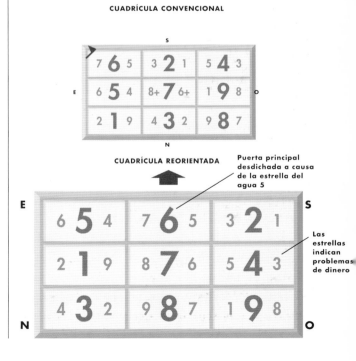

- La combinación 4/6 del este significa mala suerte para las mujeres de la casa, que sufrirán humillaciones. No existe ninguna cura posible. Las mujeres no deben dormir en esta zona.

- La combinación 2/9 del nordeste indica aletargamiento e ingenuidad. No es buena para los estudiantes universitarios, pues afecta a sus calificaciones a pesar de la buena suerte que suele traer el nordeste.

- La combinación 5/3 del sudoeste es negativa para el bolsillo. Ocasiona pérdidas e innumerables problemas económicos. No instale ningún dormitorio aquí. El metal es un buen remedio, ya que debilita el elemento tierra.

- El noroeste tiene la combinación 9/7, que suele significar que los varones de la familia tienden a ser unos auténticos *playboys* que romperán una y mil veces el corazón de su esposa. Para superar esta situación, ponga una urna llena de agua.

UN ÁNFORA LLENA DE AGUA EN EL SECTOR NORTE CONTRIBUYE A ENFRIAR LOS ÁNIMOS Y A SUPERAR LOS PROBLEMAS DE SALUD.

COLOCAR PLANTAS CERCA DE LA ENTRADA ALIVIA LAS ESTRELLAS DE LA MALA SUERTE DEL SECTOR, AUNQUE NO POR COMPLETO.

Puerta principal orientada a sudeste 2 o 3

CUADRÍCULA CONVENCIONAL

	S	
7 6 5	3 2 1	5 4 3
6 5 4	8+ 7 6+	1 9 8
2 1 9	4 3 2	9 8 7

E ... O

N

CUADRÍCULA REORIENTADA

Puerta principal desdichada a causa de la estrella del agua 5

E		S
6 5 4	7 6 5	3 2 1
2 1 9	8 7 6	5 4 3
4 3 2	9 8 7	1 9 8

N ... O

Las estrellas indican problemas de dinero

NORDESTE 1

- Esta casa tiene la combinación 1/4 en el nordeste, donde está la puerta principal, lo que significa éxitos académicos, atención de los medios de comunicación y amor. La estrella del agua 4 representa la madera en la montaña, lo cual no resulta demasiado favorable, si bien la estrella de la montaña 1 potencia el elemento tierra del nordeste y trae buena suerte. Así pues, cabe afir-

Puerta principal orientada a nordeste 1

CUADRÍCULA CONVENCIONAL

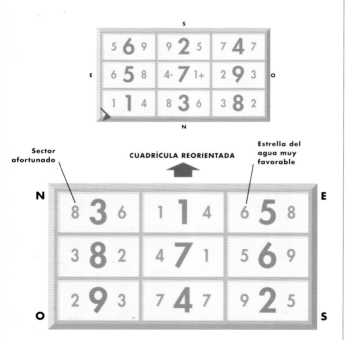

Sector afortunado

CUADRÍCULA REORIENTADA

Estrella del agua muy favorable

mar sin la menor duda que la puerta no es desdichada.

- La puerta trasera en el sudoeste tiene una combinación favorable (doble 7) de estrellas del agua y de la montaña, lo que indica buena suerte inesperada (como el hallazgo de oro en la montaña). Es un signo positivo. Instale un dormitorio en este sector, no la cocina. El doble 7 es afortunado sólo en el período 7. En el 8, al cambiar el ciclo, es peligroso y presagia robos a mano armada. Por lo tanto, cambie completa-

QUIENES TIENEN LA PUERTA DELANTERA EN NORDESTE 1 DESPERTARÁN LA ATENCIÓN DE LOS MEDIOS DE COMUNICACIÓN Y DEL SEXO OPUESTO.

mente la carta natal o remedie la situación después del 2004, atenuando el doble 7 con el elemento fuego: tenga encendidas varias lámparas durante toda la noche.

- Los sectores sudeste y sur son desdichados con las combinaciones 5/9 y 9/5. Son estrellas de la mala suerte, del estrés, de la presión y de la enfermedad. Los maestros practicantes de la estrella fugaz no se han puesto de acuerdo sobre cómo se pueden vencer estas combinaciones. Unos sugieren el uso de plantas robustas para controlar la tierra 5 y la potenciación del fuego 9, y otros el uso de metal para expulsar la tierra 5 y agravar el fuego 9. Le aconsejo no pernoctar en estos sectores e instalar una bodega o despensa.

- El noroeste y el oeste son combinaciones pendencieras (3/2 y 2/3). Con rojo y oro aliviará el Chi negativo de estos sectores.

- El norte y el este se benefician de las combinaciones 8/6 y 6/8, que traen riqueza y prosperidad. Pero el número principal del este es 5, que obstaculiza la entrada de dinero, y la estrella principal del norte es 3, que tampoco es favorable. Para disfrutar de buena suerte, potencie las estrellas del agua y de la montaña con elementos activadores.

NORDESTE 2 O 3

- Esta casa tiene una combinación favorable de estrella del agua y estrella de la montaña (doble 7) en el nordeste, donde está situada la puerta principal, una combinación excelente que significa riqueza y éxito en el período actual 7. Al cambiar el ciclo (período 8), simbolizará robos a mano armada. Así pues, altere la dirección de la puerta antes del 2004.
- La puerta trasera en el sudoeste tiene la combinación 1/4. Es muy positiva y se puede potenciar aún más con una valla posterior que retenga los buenos augurios de la estrella de la montaña.
- Los sectores noroeste y norte son desdichados con las combinaciones 5/9 y 9/5. Son estrellas de la mala suerte, del estrés, de la presión y de la enfermedad. Use madera para controlar la tierra 5 y potenciar el fuego 9.
- El sudeste y el este tienen combinaciones 3/2 y 2/3 muy pendencieras. Utilice el rojo y el fuego para moderar el Chi negativo de ambos sectores.
- El sur y el oeste se benefician de las combinaciones 8/6 y 6/8, que traen riqueza y prosperidad. En consecuencia, la parte posterior de la vivienda es más afortunada que la delantera en términos de emplazamiento de dormitorios.
- La combinación favorable 1/4 en el sudoeste trae fama y reconocimiento a las mujeres de la casa. Nunca ponga agua en este sector, ya que lo echa a perder todo y convertirá la fama en mala reputación y el reconocimiento en escándalo.

EN EL JARDÍN TRASERO, UN MURO O VALLA ELEVADOS POTENCIAN LA BUENA SUERTE CUANDO LA PUERTA TRASERA ESTÁ EN EL SUDOESTE.

Puerta principal orientada a nordeste 2 o 3

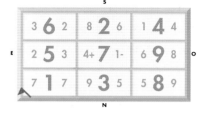

CUADRÍCULA CONVENCIONAL

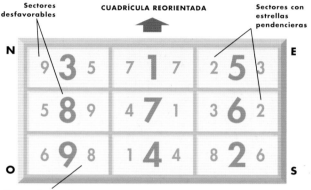

Sectores desfavorables

CUADRÍCULA REORIENTADA

Sectores con estrellas pendencieras

Sector afortunado

NOROESTE 1

- La estrella del agua de la puerta principal de esta casa es 7, favorable, y la de la montaña 5, desfavorable. Se trata del sector noroeste, cuyo elemento es el metal, de manera que la estrella 7 lo potencia y crea buena armonía. La estrella 5 pertenece al elemento tierra, que produce el metal. Resumiendo, la puerta principal será excelente en este período 7. No obstante, la combinación 5/7 es negativa, y en el período siguiente, los residentes sufrirán las consecuencias del chismorreo y la pérdida de la buena reputación.

- El sector sur sufre la presencia del doble 2 estelar y de la combinación 2/4, que significa problemas conyugales y legales. Es preferible no situar el dormitorio de matrimonio en esta zona.

- La combinación 2/9 en el sudoeste indica mala suerte en la educación de los hijos. No instale sus dormitorios en este sector.

- El nordeste tiene la combinación negativa 3/5, que representa pérdida de riqueza y un sinfín de problemas económicos. Se puede atenuar su efecto con metal, aunque sólo en parte. Lo mejor es instalar una bodega o despensa para encerrar las estrellas de mal agüero. No trabaje ni pernocte aquí.

- La combinación 4/6 en la casilla oeste es extremadamente perniciosa para las niñas de la familia. Instale el dormitorio de los niños, si los tiene.

- El centro de la vivienda es el sector más positivo, gracias a la combinación 8/6 de las estrellas del agua y de la montaña. Es una buena idea situar aquí el dormitorio de matrimonio.

LA PUERTA PRINCIPAL DE ESTA CASA TIENE UNA ESTRELLA DEL AGUA 7, FAVORABLE, Y UNA ESTRELLA DE LA MONTAÑA 5, DESFAVORABLE.

Puerta principal orientada a noroeste 1

CUADRÍCULA CONVENCIONAL

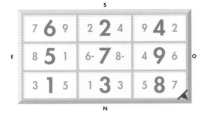

CUADRÍCULA REORIENTADA

Negativo para los hijos

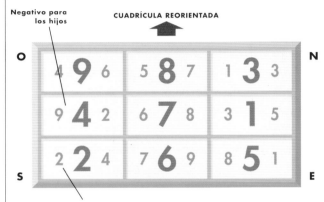

Muy desdichado. Quien permanezca en este sector enfermará gravemente

LA EDUCACIÓN DEL NIÑO PUEDE VERSE AFECTADA NEGATIVAMENTE SI SU DORMITORIO ESTÁ EN EL SECTOR SUDOESTE DE UNA CASA CUYA PUERTA PRINCIPAL APUNTA EN LA SUBDIRECCIÓN NOROESTE 1.

NOROESTE 2 O 3

- La puerta principal de esta casa tiene tres números favorables: estrella del agua 9, estrella de la montaña 7 y estrella principal 8. Eso significa prosperidad continuada de la familia (presente y futura). También suele indicar buena fortuna para los descendientes, que será más acusada en el próximo período que en el actual. Sin embargo, la combinación 7/9 significa que los varones de la familia tienden a ser unos *playboys* y tienen aventuras extraconyugales.

- Esta vivienda posee dos esquinas negativas, en las que predomina la combinación pendenciera 2/3. En el norte, la estrella de la montaña 2 se combina con la estrella principal 3 para generar interminables disputas y malentendidos. Coloque una gran urna llena de agua para hacer frente a estas dos estrellas. Las combinaciones 2/4 se traducen en graves problemas conyugales.

CUANDO LA PUERTA PRINCIPAL ESTÁ EN LAS SUBDIRECCIONES NOROESTE 2 O 3, LOS VARONES DE LA FAMILIA SUELEN TENER AVENTURAS EXTRACONYUGALES.

Puerta principal orientada a noroeste 2 o 3

CUADRÍCULA CONVENCIONAL

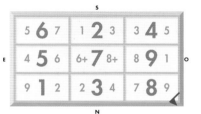

	S	
5 6 7	1 2 3	3 4 5
E 4 5 6	6+ 7 8+	8 9 1 O
9 1 2	2 3 4	7 8 9
	N	

Sector excelente para la puerta principal

CUADRÍCULA REORIENTADA

Sectores desfavorables

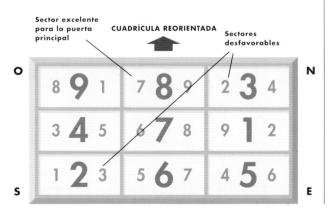

O			N
8 9 1	7 8 9	2 3 4	
3 4 5	6 7 8	9 1 2	
1 2 3	5 6 7	4 5 6	
S			E

- En el sur, la estrella del agua es 3, que pertenece al elemento madera. Eso alimenta el fuego en este sector, causando terribles problemas e incluso la violencia, debido a la combinación 3/2. En este sector, la configuración 3/2 es mucho más seria que en el sector norte. Ponga un gran accesorio de agua para enfriar el fuego. En este caso, la combinación 1/3, que suele significar riqueza, resulta desdichada. Indica que alguien abandona la casa. El uso de objetos asociados con el elemento agua atenúa el problema.

¡ATENCIÓN!

Coloque una gran ánfora llena de agua en el norte para contrarrestar la mala suerte.

- El sector nordeste también es desdichado a causa de la combinación 2/9, que trae mala suerte en los estudios primarios y superiores. Así pues, no active la energía de la casilla noroeste.

Puesta a punto de las estrellas fugaces

Conocer bien la fórmula de la estrella fugaz requiere paciencia y un estudio profundo. La perseverancia y la búsqueda del conocimiento ayudarán a los verdaderos entusiastas. En esta sección doy información adicional acerca de dos aspectos de esta fórmula: la combinación de las estrellas fugaces con el color y el análisis de los números rectores de los meses, semanas y días.

LOS COLORES EN EL FENG SHUI DE LA ESTRELLA FUGAZ

Un texto complementario del Feng Shui de la estrella fugaz asigna colores a cada uno de los nueve números y, luego, indica los que son favorables y desfavorables. Los dígitos más positivos son los blancos, es decir, 1, 6 y 8. Se conocen como estrellas blancas y su presencia en cualquier sector atrae las fuerzas intangibles que, a su vez, generan una extraordinaria buena suerte.

Las estrellas blancas fomentan el buen Feng Shui del paisaje, y también son eficaces modificando y suprimiendo los efectos perjudiciales causados por otros elementos o números desfavorables del Feng Shui.

Las estrellas blancas se denominan, en conjunto, estrellas triples. Cuando coinciden en el sector de la puerta principal, traen muy buena fortuna durante un período completo de veinte años.

Los números asesinos son el negro y el amarillo, es decir, el 2 y el 5 respectivamente. Cuando el ne-

gro se combina con el amarillo, el infortunio es extremo. Por consiguiente, cuando coinciden el 2 y el 5, se trata de una advertencia de una mala suerte inminente.

Otros números de colores:

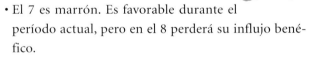

- El 3 es verde intenso y el 4 es verde pálido. No son buenos ni malos, aunque si el 3 se combina con el 2, la hostilidad y el enfado estarán asegurados.
- El 7 es marrón. Es favorable durante el período actual, pero en el 8 perderá su influjo benéfico.
- El 9 es morado e indica muy buena fortuna, aunque ésta tardará largo tiempo en manifestarse.

CUADRÍCULAS LO SHU ANUALES, MENSUALES Y SEMANALES

El Feng Shui de la estrella fugaz posee una dimensión temporal muy significativa y, por consiguiente, es un método adivinatorio. Para practicarlo se necesita un calendario Hsia de cien años, que proporciona las cuadrículas Lo Shu para cada año, mes y semana. Combinando estos números con los de las estrellas fugaces de la casa u oficina, se puede predecir con una considera-

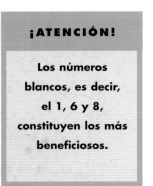

¡ATENCIÓN!

Los números blancos, es decir, el 1, 6 y 8, constituyen los más beneficiosos.

ble exactitud cuándo podríamos ser víctimas de un robo, cuándo sufriremos siniestros, cuándo pueden propiciar la muerte, accidentes, enfermedades graves, etc., algunas estancias.

El Feng Shui de la estrella fugaz no está incluido en este libro, puesto que va más allá de su objeto, y requiere un estudio mucho más avanzado de la elaboración de las cartas natales, así como la comprensión del calendario chino.

A quienes estén interesados en profundizar más en el Feng Shui les recomiendo que aprendan a leer el calendario chino y a extraer de él los números rectores Lo Shu de los meses, semanas, días y horas. Después, busque a un genuino maestro con una larga ex-

periencia en este método particular de Feng Shui. Tardará 12 o 14 meses en dominar la práctica completa de la fórmula de la estrella fugaz. Tenga en cuenta que los auténticos maestros no suelen revelar sus secretos de inmediato; primero tiene que ganarse su confianza. Siga mi consejo: sea humilde.

Para realizar una exploración inicial en el Feng Shui de la estrella fugaz, le servirán los números Lo Shu para los próximos cien años. Recuerde que los números de los nueve sectores deben analizarse conjuntamente con la carta natal de la casa. Sólo así se puede examinar la combinación numérica en cada sector y en cada momento.

NÚMERO RECTOR LO SHU EN EL CENTRO DE LA CUADRÍCULA LO SHU (VÉASE P. 61)	EL NÚMERO RECTOR SE APLICA A ESTOS AÑOS EN EL CALENDARIO CHINO DE CIEN AÑOS O CALENDARIO LUNAR
1	2008, 2017, 2026, 2035, 2044, 2053, 2062, 2071, 2080 y 2089
2	2007, 2016, 2025, 2034, 2043, 2052, 2061, 2070, 2079, 2088 y 2097
3	2006, 2015, 2024, 2033, 2042, 2051, 2060, 2069, 2078, 2087 y 2096
4	2005, 2014, 2023, 2032, 2041, 2050, 2059, 2068, 2077, 2086 y 2095
5	2004, 2013, 2022, 2031, 2040, 2049, 2058, 2067, 2076, 2085 y 2094
6	2003, 2012, 2021, 2030, 2039, 2048, 2057, 2066, 2075, 2084 y 2093
7	2002, 2011, 2020, 2029, 2038, 2047, 2056, 2065, 2074, 2083 y 2092
8	2001, 2010, 2019, 2028, 2037, 2046, 2055, 2064, 2073, 2082 y 2091
9	2000, 2009, 2018, 2027, 2036, 2045, 2054, 2063, 2072, 2081 y 2090

5

TABÚES TEMPORALES ACERCA DE LAS REFORMAS

Este capítulo da un paso más en el conocimiento del Feng Shui de la estrella fugaz. Del mismo modo que existen buenos y malos sectores en la casa, dependiendo de la dirección en la que está orientada la puerta principal y el año de construcción del edificio, hay tres emplazamientos específicos que es preferible no perturbar con una reforma o redecoración. Son los llamados gran duque Júpiter, los tres asesinos y el cinco amarillo, y su posición cambia cada año. He aquí pues algunos detalles de cada una de estas tres direcciones, trucos para identificar su ubicación y la mejor manera de evitar su influencia negativa.

Sectores anuales desfavorables

L a perspectiva temporal de la suerte constituye una parte esencial de la práctica del Feng Shui. En consecuencia, aunque haya diseñado la casa, la tienda o la oficina siguiendo las directrices del Feng Shui, debería verificar periódicamente el efecto del tiempo en ellas, lo que requiere conocer la fórmula de la estrella fugaz. El Feng Shui de la estrella fugaz se centra en una serie de fuerzas intangibles que pueden hacer estragos en los flujos de Chi. En este capítulo analizaremos los tabúes temporales relacionados con la reforma y la redecoración de la casa.

Si tiene previsto ampliar la casa, repintarla o reformarla, debe tener muy en cuenta determinadas restricciones relativas al tiempo y al emplazamiento de la reforma. De lo contrario, podría sufrir mala suerte todo el año y, en ocasiones, ¡incluso durante un período de dos a veinte años! Así pues, antes de iniciar cualquier tipo de obra dentro o fuera de la casa, analice estos tres importantísimos sectores de su casa, tienda u oficina: el gran duque Júpiter, los tres asesinos y el cinco amarillo.

EL GRAN DUQUE JÚPITER

El gran duque, que en chino se conoce como *tai sui*, cambia de ubicación cada año y es fundamental saber dónde reside. ¡Ni se le ocurra provocar su ira enfrentándose a él! En términos de Feng Shui, la confrontación se produce cuando perturba ese determinado lugar o cuando se sienta encarado hacia él.

Si desafía al gran duque, puede tener la seguridad de salir derrotado, degradado y con sensibles pérdidas. Si se ve implicado en una situación combativa o competitiva con alguien durante el año y ofende sin darse cuenta al gran duque, no habrá quien le salve del desastre. Ésta es la razón por la que lo primero que hacen los maestros de

> **¡ATENCIÓN!**
>
> **Nunca se coloque de cara al gran duque, aunque sea su dirección más favorable.**

Feng Shui de Hong Kong cada Año Nuevo es calcular su posición e identificarla para sus clientes.

El gran duque sólo ocupa 15 grados de la brújula; de ahí que sea relativamente fácil evitar ofenderlo. Las reglas a seguir son las siguientes:

Regla 1: No se siente nunca en una posición directamente opuesta a la del gran duque. Por ejemplo, en el año 2005, el año del gallo, el gran duque estará en el sector oeste de la casa. Por lo tanto, no se siente mirando en esa dirección. Por beneficioso que le resulte el sector oeste según la fórmula de las ocho mansiones; ¡guárdese de infringir este principio!

El poder del gran duque es tal que incluso hallándose en su mejor dirección, debe asegurarse de no estar encarado a él. Durante el año del gallo, por ejemplo, la gente del grupo occidental no deberían colocarse mirando hacia el oeste, aun siendo ésta su dirección más favorable. No vale la pena plantar cara al gran duque; el resultado será siempre el mismo: la derrota. Consulte la tabla de la página siguiente para comprobar la situación del gran duque durante los diez próximos años. Si no tiene en cuenta esta regla en Feng Shui, podría estar desafiando al gran duque aun sin saberlo.

Regla 2: No moleste jamás al gran duque; se arriesga a desatar toda su cólera. Eso significa que en el año 2003, por ejemplo, no debería realizar ninguna obra de reforma o construcción en el sector sur-sudoeste. Si proyecta hacer cambios que impliquen un trabajo de construcción, identifique primero el sector de la casa en el que está situado el gran duque ese año. Use una brújula de buena calidad para determinar ese sector (le será más fácil si superpone la cuadrícula Lo Shu de nueve sectores). ¡En caso de duda, es preferible posponer los planes! Esta regla también es aplicable a las parcelas y a los edificios. Los maestros de Feng Shui anuncian grandes males para quienes infringen este tabú. Los guerreros de la antigua China siempre evitaban entrar en combate en la dirección del gran duque, asegurándose de tenerlo a sus espaldas, en cuyo caso jugaba en su favor.

Es curioso constatar que durante la guerra del Golfo, en 1991, cuando el ejército de Saddam Hussein se enfrentó a las Fuerzas Aliadas de Occidente, el gran duque estaba en el sudoeste. Los aliados estaban acuartelados en Arabia Saudí, y al avanzar hacia Kuwait, el sudoeste quedaba a sus espaldas, de manera que el gran duque intervino en su favor. Por otro lado, las milicias de Saddam avanzaron hacia el sudoeste, enfrentándose directamente con el gran duque. Así pues, el Feng Shui de las Fuerzas Aliadas era superior al del ejército de Hussein.

POSICIONES DEL GRAN DUQUE

Las posiciones del gran duque durante cada uno de los diez años zoológicos del calendario lunar, desde el 2000 hasta el 2009, están resumidas en la tabla de la derecha. Consulte el calendario de cien años de las pp. 32-33 para saber exactamente cuándo empieza y cuándo termina cada Año Nuevo lunar.

ADVERTENCIA IMPORTANTE: ANTES DE REDECORAR SU HOGAR, TENGA MUY EN CUENTA LA SITUACIÓN DEL GRAN DUQUE EN ESE MOMENTO.

AÑO LUNAR	ANIMAL RECTOR	GRAN DUQUE JÚPITER EN
2000	Dragón	este-sudeste
2001	Serpiente	sur-sudeste
2002	Caballo	sur
2003	Oveja	sur-sudoeste
2004	Mono	oeste-sudoeste
2005	Gallo	oeste
2006	Perro	oeste-noroeste
2007	Cerdo	norte-noroeste
2008	Rata	norte
2009	Buey	norte-nordeste

LOS TRES ASESINOS

En chino cantonés, este emplazamiento se conoce como *sarm sart*, que significa ¡tres asesinos! Se trata de una posición a la que debe enfrentarse. No conviene tener tres asesinos a sus espaldas. Plánteles cara. Las reparaciones y reformas domésticas se pueden realizar en ubicaciones opuestas a la de los tres asesinos, pero no en aquéllas en las que están presentes. Si se enfrenta directamente a ellos, puede derrotarlos, pero si les molesta en su propio dominio, ¡se estará buscando problemas!

Es fácil calcular la localización de los tres asesinos para un año determinado, ya que ocupan 90 grados de la brújula. Una vez identificado el año zoológico en el que proyecta hacer las reformas, podrá determinar dónde moran los tres asesinos mediante la tabla superior derecha de esta página. Por ejemplo, en el año del dragón estarán en el sur. Por lo tanto, no efectúe reparaciones de envergadura en el sector sur durante ese año.

¡ATENCIÓN!

Los tres asesinos no deben estar nunca a su espalda. ¡Enfréntese a ellos!

Existen dos reglas muy útiles acerca de los tres asesinos:

Regla 1: Nunca los tenga a su espalda. Mírelos de frente y desafíelos en combate. Si por ejemplo están en el oeste, debería sentarse orientado al oeste, no al revés. En el año 2000 debería sentarse siempre en el norte y mirando al sur.

Regla 2: Las reparaciones y reformas domésticas se pueden llevar a cabo en emplazamientos opuestos al de los tres asesinos, pero no allí donde habiten. Según los manuales, basta cavar un hoyo o talar un árbol en la posición de los tres asesinos para ser atacado por tres tipos de infortunios. Tenga mucho cuidado con las reformas en estos lugares.

EMPLAZAMIENTO DE LOS TRES ASESINOS	
DURANTE EL AÑO ZOOLÓGICO	LOS TRES ASESINOS ESTÁN EN EL
Buey, gallo y serpiente	este
Cerdo, conejo y oveja	oeste
Mono, rata y dragón	sur
Perro, caballo y tigre	norte

LAS REFORMAS DOMÉSTICAS, INCLUIDA LA REDECORACIÓN, SE PUEDEN REALIZAR EN EMPLAZAMIENTOS OPUESTOS A LOS TRES ASESINOS, PERO NO EN SU MORADA (VÉASE TABLA SUPERIOR).

EL CINCO AMARILLO

La tercera configuración de fuerzas intangibles negativas se expresa bajo la forma del cinco amarillo (*wu wang* en chino) y se produce cuando el número estelar 5, extremadamente desfavorable, penetra en un sector determinado de la cuadrícula Lo Shu. Cualquier obra de reforma en el sector que contenga el cinco amarillo creará graves problemas domésticos. Es una idea excelente colgar un carrillón de seis varillas para atenuar la mala suerte del cinco amarillo en el sector en el que aparece.

Tan perjudicial es el cinco

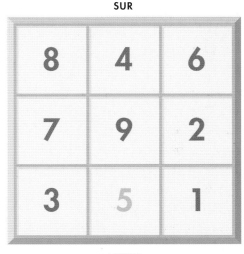

amarillo que incluso sin perturbarlo en lo más mínimo trae malos augurios. Así pues, en el año 2001, por ejemplo, debería usar lo menos posible el sector sudoeste.

Esta estrella anuncia graves enfermedades e infortunios de todas clases. Ocupa 45 grados de la brújula (360° : 8 = 45) y debería evitar cavar, talar o hacer ruido en el sector en el que reside. Si la puerta principal de la casa está situada en este sector en un determinado año, cuelgue un carrillón para aplacar el cinco amarillo. Otro buen método consiste en colocar un buda sonriente.

EMPLAZAMIENTOS DEL CINCO AMARILLO

EN LOS AÑOS LUNARES SIGUIENTES	EL CINCO AMARILLO ESTÁ EN EL SECTOR
2000	norte
2001	sudoeste
2002	este
2003	sudeste
2004	centro
2005	noroeste
2006	oeste
2007	nordeste
2008	sur
2009	norte

SUR

8	4	6
7	9	2
3	5	1

NORTE

LA TABLA LO SHU ANUAL PARA EL AÑO 2000 MUESTRA EL CINCO AMARILLO EN EL SECTOR NORTE. ES MUY PERJUDICIAL, YA QUE TRAE INFORTUNIOS AUNQUE NO SE LE IMPORTUNE.

6

REDECORACIÓN PARA ATRAER LA BUENA SUERTE

La cuadrícula Lo Shu es fundamental en Feng Shui. Todas las fórmulas que se explican en este libro utilizan su inapreciable trazado numérico, y este capítulo no es una excepción. Provisto de la cuadrícula Lo Shu para el año en el que proyecta hacer la redecoración y conociendo los números favorables 1, 6, 7 y 8, puede inundar de energía Yang las áreas más importantes de la casa, potenciando su efecto con el uso del color, estrechamente relacionado con los distintos sectores de la cuadrícula. Las alternativas que encontrará en las páginas siguientes le permitirán llevar a cabo una buena elección.

Selección de sectores favorables

S i quiere utilizar el Feng Shui para impulsar su buena suerte, un método excelente consiste en introducir una dosis masiva de sheng chi y de energía Yang en determinadas esquinas de la casa. Redecore estas áreas para generar nueva energía positiva. Coloque nuevas cortinas, tapicerías, ornamentos, alfombras y pavimento, o déles una nueva mano de pintura.

Esta técnica de atraer un buen sheng chi a la vivienda debe planificarse mediante la cuadrícula Lo Shu. Si analiza la cuadrícula que representa cada año *(véanse pp. 61 y 89)*, podrá identificar la parte de la casa susceptible de beneficiarse de una inyección de nueva energía derivada de la redecoración o de unas obras de ampliación. La clave del éxito consiste en seleccionar el sector o la estancia(s) correcta que conviene redecorar en un año determinado.

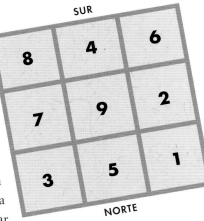

SUR

8	4	6
7	9	2
3	5	1

NORTE

ESTA CUADRÍCULA LO SHU CORRESPONDE A LOS AÑOS GOBERNADOS POR EL NÚMERO 9. EL AÑO 2000 TIENE EL 9 EN EL CENTRO.

LAS NUEVAS DECORACIONES, COMO UN PAPEL PINTADO, CONTRIBUYEN A INYECTAR ENERGÍA POSITIVA EN LA CASA SI SE HACEN EN UN AÑO FAVORABLE.

1 *Con la tabla de la p. 89 y las cuadrículas Lo Shu de la p. 61 identifique la cuadrícula del año en el que tiene previsto efectuar la redecoración. Por ejemplo, si pensaba hacerlo en el año lunar 2000, el número rector de ese año es el 9 y la cuadrícula Lo Shu será la que presenta el 9 en la casilla central (véase arriba; diagrama de la cuadrícula).*

2 *Consulte el calendario lunar en las pp. 32-33 para elegir la fecha correcta.*

3 *Ahora, superponga la cuadrícula Lo Shu sobre el plano de la casa.*

4 *Consulte el capítulo 5 de este libro y compruebe las esquinas en las que NO debe realizar ninguna reforma durante el año 2000, identificando la ubicación del gran duque Júpiter, de los tres asesinos y del cinco amarillo.*

Recuerde que esta investigación está destinada a descubrir los sectores tabú para una reforma. Puede hacer una redecoración simple, y sólo se considera tabú cuando implica cavar o talar.

Por lo que respecta al año 2000, el gran duque está en el este-sudeste, los tres asesinos en el oeste y el cinco amarillo en el norte.

5 *A continuación, compruebe qué sectores de la casa tienen los números 1, 6, 7 y 8. Son favorables y su posición indica los sectores afortunados durante ese año concreto. En el 2000, que tiene el 9 como número rector, la situación de los dígitos favorables es 1 (noroeste), 6 (sudoeste), 7 (este) y 8 (sudeste).*

Por lo tanto, en el año 2000, si se redecoran o reforman los dormitorios ubicados en noroeste (1) y sudoeste (6), la buena suerte irradiará en toda la vivienda.

Por otro lado, si estas dos direcciones también representan sus direcciones favorables (en este caso, si pertenece al grupo occidental), el resultado será doblemente positivo para usted, ya que generará una gran cantidad de energía nueva y fresca en su propia dirección.

En cualquier caso, aunque no representen sus direc-

UNA REDECORACIÓN TRAERÁ BUENA SUERTE AL HOGAR SI SE REALIZA TENIENDO EN CUENTA LAS CONSIDERACIONES Y LOS TABÚES DE LA ESTRELLA FUGAZ.

ciones favorables, la redecoración traerá igualmente buena suerte al hogar; renovar el entorno siempre resulta estimulante, y si sigue las directrices que le proporciono en este libro, mantendrá a raya la mala suerte al tiempo que disfruta de un hogar más acogedor.

Reforma para conseguir una buena suerte inmediata

Para reformar la casa con el fin de disfrutar de una prosperidad inmediata durante el período 7 actual, que termina en el año 2004, no debe desaprovechar la menor oportunidad de activar la energía del número 7 año a año hasta el 2004, ya que es el número afortunado para este período. La tabla de la página siguiente resume la posición del número 7 hasta el año 2004, incluyendo el emplazamiento del gran duque. De este modo, sabrá si puede potenciar el 7 con un proyecto de redecoración en el sector en el que aparezca.

Después del 2004 y durante el siguiente período de veinte años, el número que representa prosperidad inmediata es el 8 blanco. Activando la energía del sector 8 le traerá una extraordinaria buena suerte si determina el año con exactitud. Durante el período 8, el número 7 ya no es afortunado, pero durante el período 7, el número 8 sí lo es.

La tabla de la página siguiente le indica lo que puede y no puede hacer desde el 2000 al 2009, con un corte en el año 2004, que es cuando cambia el período. En la columna de la derecha le hago algunas sugerencias sobre colores, que se basan en la potenciación de la energía del elemento dominante del sector brujular que va a ser activado.

Aproveche estas indicaciones, así como las que he ido ofreciendo a lo largo del libro, y redecore con objetos que representen estos mismos elementos o use otros que estén considerados productivos en el ciclo de los elementos *(véanse pp. 118-119)*.

DECORAR LA CASA CON PLANTAS EXUBERANTES Y OBJETOS DE MADERA FOMENTA LA BUENA FORTUNA, PERO COMPRUEBE SIEMPRE LA POSICIÓN DEL GRAN DUQUE.

AÑO LUNAR	POSICIÓN DEL 7 EN LA CUADRÍCULA LO SHU	POSICIÓN DEL GRAN DUQUE	CONSEJOS DE FENG SHUI SOBRE REFORMAS Y REDECORACIÓN PARA ATRAER LA PROSPERIDAD INMEDIATA EN LOS SECTORES 7/8
2000	este	este-sudeste	No haga nada en el sector este 7, puesto que este año el gran duque reside en dicho sector.
2001	sudeste	sur-sudeste	No haga nada en el sector sudeste 7; podría enfrentarse inadvertidamente al gran duque.
2002	centro	sur	Redecore el centro de la casa este año (p. ej., la sala de estar). Use combinaciones de rojo y amarillo.
2003	noroeste	sur-sudoeste	Redecore o reforme el noroeste este año. Use colores metálicos o matices de blanco.
	POSICIÓN DEL 8 EN LA CUADRÍCULA LO SHU		
2004	nordeste	oeste-sudoeste	Redecore el sector nordeste 8. Use combinaciones de colores tierra para crear energía Chi favorable.
2005	sur	oeste	Sí, puede redecorar el sur con matices de rojo. Es un año excelente para atraer las maravillosas energías Yang.
2006	norte	oeste-noroeste	Es un año excepcional para activar el agua en el sector norte y conseguir una prosperidad inmediata. Use matices de azul y negro al elegir los tapizados y las cortinas.
2007	sudoeste	norte-noroeste	Active el sudoeste con un nuevo papel pintado, alfombras y cortinas. Use tonos y colores tierra.
2008	este	norte	Active estos sectores para conseguir una prosperidad inmediata con matices de colores madera en el sector este (verdes o marrones). Para el este siempre prefiero los verdes, pues denotan crecimiento y desarrollo.
2009	sudeste	norte-nordeste	Otro buen año para activar el sudeste con energía del elemento madera. Use matices de verdes para crear una zona muy positiva.

Reforma para atraer la suerte a largo plazo

L a prosperidad a largo plazo es, en muchos aspectos, incluso más importante que la prosperidad inmediata, pues sugiere una continuidad de la buena fortuna. Para los chinos es más significativo el largo plazo que el corto plazo, y definen la buena suerte como la mejora constante de la vida, como una prosperidad que aumenta con la edad.

UNA «MONTAÑA DE ORO» EN EL NOROESTE DE LA SALA DE ESTAR TRAERÁ BUENA SUERTE.

Para activar la prosperidad a largo plazo durante el período 7 actual, debe anotar la posición del número 8 en la cuadrícula Lo Shu hasta el año 2004. Cuando el período 7 cambia a 8, a partir del 2004, el sector Lo Shu que habrá que activar será el que contenga el número 9.

Tanto el 8 como el 9 son números favorables, y en el Feng Shui de la estrella fugaz el 8 se considera extremadamente positivo. No obstante, el 9 está considerado como el último número, ya que representa la plenitud del cielo y la tierra. No existe ningún número superior al 9, hasta el punto de que el nueve multiplicado por sí mismo sigue siendo nueve (9 x 9 = 81; 8 + 1 = 9). Multiplique 9 por cualquier número del 1 al 9 y el resultado será invariable: 9.

Al igual que con el ejercicio para activar la prosperidad inmediata, compruebe en qué dirección está el gran duque el año en el que desea hacer reformas en la casa. Así evitará enfrentarse inadvertidamente a él.

La tabla de la página siguiente resume los consejos para atraer prosperidad a largo plazo (2000-2009), con el consabido corte en el 2004, de cambio de período 7 a 8.

EMPLAZAMIENTOS DE LOS NÚMEROS 6 Y 1

AÑO LUNAR	POSICIÓN DEL 6 EN LA CUADRÍCULA LO SHU	POSICIÓN DEL 1 EN LA CUADRÍCULA LO SHU
2000	sudoeste	noroeste
2001	este	oeste
2002	sudeste	nordeste
2003	centro	sur
2004	noroeste (año muy favorable para redecorar este sector)	norte (año muy favorable para redecorar este sector)
2005	oeste	sudoeste
2006	nordeste	este
2007	sur	sudeste
2008	norte	centro
2009	sudoeste	noroeste

SEIS BENDICIONES CELESTIALES

Las Seis Bendiciones Celestiales están representadas por un 6 en la cuadrícula Lo Shu. En el Feng Shui de la estrella fugaz, el 6 es especialmente poderoso en la generación de buena suerte cuando reside en el noroeste, pues simboliza el cielo. El trigrama Chien está situado aquí. Durante los diez próximos años, el 6 estará situado en el noroeste el 2004 y reaparecerá en el 2013 y 2022. En estos años lunares, el noroeste debería activarse a conciencia.

Cambie la energía de la casa haciendo reformas en el sector noroeste durante estos años y atraiga las Seis Bendiciones Celestiales (riqueza, salud, descendientes, fama, mecenazgo y poder) utilizando la fórmula de las nueve aspiraciones *(véanse pp. 48-55)*. Así, por ejemplo, utilice el oro (piedras pintadas de color dorado) y el metal en el noroeste (el metal gobierna este sector).

LA MAGIA DEL UNO

Se refiere a la posición del 1 en la cuadrícula Lo Shu. Al igual que el 6, el 1 está considerado como un número blanco favorable.

AÑO LUNAR	POSICIÓN DEL 8 EN LA CUADRÍCULA LO SHU	POSICIÓN DEL GRAN DUQUE	CONSEJOS DE FENG SHUI SOBRE REFORMAS Y REDECORACIÓN PARA ATRAER LA PROSPERIDAD A LARGO PLAZO EN LOS SECTORES 8/9
2000	sudeste	este-sudeste	No haga nada este año en el sector sudeste.
2001	centro	sur-sudeste	Puede redecorar y reformar la parte central de la casa para activar la prosperidad a largo plazo.
2002	noroeste	sur	Active el noroeste con texturas de blanco y matices crudos. Cuelgue carillones de seis u ocho varillas.
2003	oeste	sur-sudoeste	Active el oeste con trazados cromáticos metálicos y cuelgue un carillón de ocho varillas.
	POSICIÓN DEL 9 EN LA CUADRÍCULA LO SHU		
2004	sur	oeste-sudoeste	Año excepcional para reformar el sur. Instale una nueva iluminación y aplique un trazado cromático amarillo o rojo brillante.
2005	norte	oeste	Active el elemento agua en el norte. Use azules y negros.
2006	sudoeste	oeste-noroeste	Active el sudoeste con ocre y otros colores tierra. Decore con cerámicas y cristal.
2007	este	norte-noroeste	Use plantas para activar el este si la sala de estar se halla en este sector. En los dormitorios, utilice trazados cromáticos verdes.
2008	sudeste	norte	Si la sala de estar o el comedor está en el sudeste, ponga plantas o use verdes para crear un nuevo ambiente.
2009	centro	norte-nordeste	Puede redecorar y reformar la parte central de la casa para activar la prosperidad a largo plazo.

7

LA FÓRMULA DE LOS CUATRO PILARES

Los cuatro pilares son la hora, el día, el mes y el año de nacimiento. Si los conoce, podrá confeccionar una carta natal que describa los elementos que influyen en su personalidad. Los pilares del año y la hora son fundamentales, ya que le permitirán descubrir su mezcla de energías Yin y Yang, así como equilibrar las energías en su casa, proporcionándole una visión de la vida lo más favorable posible. Por otro lado, también podrá activar la energía del área de la casa asociada a su animal rector en el calendario astrológico chino.

Los cuatro pilares del destino

Los cuatro pilares del destino son la hora, el día, el mes y el año de su nacimiento. Con estos cuatro datos, la astrología china puede elaborar una carta natal que permita realizar una lectura detallada de los altibajos de su vida. O por lo menos, esto es lo que los adivinos chinos aseguran poder hacer.

La astrología china tiene muy poco que ver con el sol, la luna y las estrellas directamente. A diferencia de la astrología occidental o india, no mira hacia el cielo para anotar el movimiento de las constelaciones con el fin de realizar una composición de lugar acerca de la personalidad de un individuo o predecir su destino, sino que utiliza las fechas, los tiempos y las tablas de un calendario específico para calcular los cinco elementos dominantes en la carta de los cuatro pilares de cualquier ser humano.

SUS OCHO CARACTERES Y SU SIGNIFICADO

Si conoce sus cuatro pilares, es decir, si sabe con exactitud la hora, el día, el mes y el año de nacimiento, así como el lugar en el que vino al mundo, podrá usar el calendario chino de cien años para calcular sus ocho caracteres, que hacen refe-

rencia a los elementos equivalentes de cada uno de los pilares. Así pues, para el año de nacimiento hay un elemento que representa el tallo celestial y otro que representa la rama terrenal de ese año. El pilar del año tiene dos elementos, al igual que los pilares del mes, día y hora, lo que hace un total de ocho caracteres.

Descubrir los ocho caracteres requiere mucha verificación y contraverifica-

ción, así como el uso de referencias y de referencias cruzadas. De ahí que todos los libros sobre astrología china dediquen casi la mitad de las páginas a las tablas de consulta. El calendario chino plantea un auténtico reto a causa de su complejidad, hasta el punto de que los adivinos actuales de Hong Kong y Taiwán recurren al ordenador para calcular una carta completa para sus clientes, evitando la tediosa tarea de los interminables cálculos manuales.

La parte más difícil del cál-

culo astrológico reside en la obtención de los dos caracteres del pilar del día. No obstante, a efectos del Feng Shui, la influencia de este pilar es relativamente insignificante. Por esta razón, casi siempre prescindo de él cuando utilizo el método de los cuatro pilares para diagnosticar el Feng Shui, y me concentro en el análisis de los pilares del año y la hora, ya que son los más importantes en el Feng Shui personalizado de una casa.

TALLOS CELESTIALES Y RAMAS TERRENALES

El calendario chino consta de ciclos de sesenta años que se diferencian a tenor de los tallos celestiales y las ramas terrenales. Hay 10 tallos y 12 ramas en total. En un ciclo de sesenta años, los tallos comprenden los cin-

co elementos, tanto en su vertiente Yin como Yang, mientras que las ramas son los 12 animales del Zodíaco chino. Por lo tanto, cada ciclo combina los 12 animales con cinco aspectos que reflejan los cinco elementos (5 x 12 = 60 años).

El análisis de los cuatro pilares requiere la investigación de los elementos simbolizados por los dos caracteres de cada pilar. Estos caracteres con los tallos celestiales y las ramas terrenales. Los elementos de las ramas terrenales y de los tallos celestiales tienen la misma relevancia e influyen en el Feng Shui del hogar. Se pueden potenciar para la persona. En este sentido, la activación de la energía de los dos elementos genera buena suerte terrenal y excelente suerte celestial.

La forma más sencilla de practicar este método de Feng Shui consiste en descubrir los dos elementos que caracterizan su pilar del año y, a continuación, activar la energía de los elementos correspondientes de la casa. Así de simple. La tabla de las dos páginas siguientes indica los elementos del tallo celestial y de la rama terrenal para los nacidos entre 1924, el año de la rata, y 1996, el año del jabalí. Me he detenido ahí, ya que este método de Feng Shui no es especialmente útil para los niños o para quienes aún no tienen la consideración de adultos —en la tradición china, sólo se considera adultos a los que han contraído matrimonio.

FECHA DE NACIMIENTO	RAMA TERRENAL (ELEMENTO)	TALLO CELESTIAL (ELEMENTO)	SECTORES A ACTIVAR
5 febrero 1924 – 23 enero 1925	Rata (agua)	madera	S, SE, E
24 enero 1925 – 12 febrero 1926	Buey (tierra)	madera	SO, NE, SE, E
13 febrero 1926 – 1 febrero 1927	Tigre (madera)	fuego	SE, E, S
2 febrero 1927 – 22 enero 1928	Conejo (madera)	fuego	SE, E, S
23 enero 1928 – 9 febrero 1929	Dragón (tierra)	tierra	SO, NE
10 febrero 1929 – 29 enero 1930	Serpiente (fuego)	tierra	S, SO, NE
30 enero 1930 – 16 febrero 1931	Caballo (fuego)	metal	S, O, NO
17 febrero 1931 – 5 febrero 1932	Oveja (tierra)	metal	SO, NE, O, NO
6 febrero 1932 – 25 enero 1933	Mono (metal)	agua	O, NO, N
26 enero 1933 – 13 febrero 1934	Gallo (metal)	agua	O, NO, N
14 febrero 1934 – 3 febrero 1935	Perro (tierra)	madera	SO, NE, SE, E
4 febrero 1935 – 23 enero 1936	Jabalí (agua)	madera	S, SE, E
24 enero 1936 – 10 febrero 1937	Rata (agua)	fuego	N, S
11 febrero 1937 – 30 enero 1938	Buey (tierra)	fuego	SO, NE, S
31 enero 1938 – 18 febrero 1939	Tigre (madera)	tierra	SE, E, SO, NE
19 febrero 1939 – 7 febrero 1940	Conejo (madera)	tierra	E, SE, SO, NE
8 febrero 1940 – 26 enero 1941	Dragón (tierra)	metal	SO, NE, O, NO
27 enero 1941 – 14 febrero 1942	Serpiente (fuego)	metal	S, O, NO
15 febrero 1942 – 4 febrero 1943	Caballo (fuego)	agua	S, N
5 febrero 1943 – 24 enero 1944	Oveja (tierra)	agua	SO, NE, N
25 enero 1944 – 12 febrero 1945	Mono (metal)	madera	NO, O, E, SE
13 febrero 1945 – 1 febrero 1946	Gallo (metal)	madera	O, NO, E, SE
2 febrero 1946 – 21 enero 1947	Perro (tierra)	fuego	SO, NE, S
22 enero 1947 – 9 febrero 1948	Jabalí (agua)	fuego	N, S
10 febrero 1948 – 28 enero 1949	Rata (agua)	tierra	N, SO, NE
29 enero 1949 – 16 febrero 1950	Buey (tierra)	tierra	SO, NE
17 febrero 1950 – 5 febrero 1951	Tigre (madera)	metal	SE, E, O, NO
6 febrero 1951 – 26 enero 1952	Conejo (madera)	metal	SE, E, O, NO
27 enero 1952 – 13 febrero 1953	Dragón (tierra)	agua	SO, NE, N
14 febrero 1953 – 2 febrero 1954	Serpiente (fuego)	agua	S, N
3 febrero 1954 – 23 enero 1955	Caballo (fuego)	madera	S, SE, E
24 enero 1955 – 11 febrero 1956	Oveja (tierra)	madera	SO, NE, SE, E
12 febrero 1956 – 30 enero 1957	Mono (metal)	fuego	O, NO, S
31 enero 1957 – 17 febrero 1958	Gallo (metal)	fuego	O, NO, S
18 febrero 1958 – 7 febrero 1959	Perro (tierra)	tierra	SO, NE
8 febrero 1959 – 27 enero 1960	Jabalí (agua)	tierra	SO, NE, N

FECHA DE NACIMIENTO	RAMA TERRENAL (ELEMENTO)	TALLO CELESTIAL (ELEMENTO)	SECTORES A ACTIVAR
28 enero 1960 – 14 febrero 1961	Rata (agua)	metal	N, O, NO
15 febrero 1961 – 4 febrero 1962	Buey (tierra)	metal	SO, NE, NO, O
5 febrero 1962 – 24 enero 9163	Tigre (madera)	agua	SE, E, N
25 enero 1963 – 12 febrero 1964	Conejo (madera)	agua	SE, E, N
13 febrero 1964 – 1 febrero 1965	Dragón (tierra)	madera	SO, NE, SE, E
2 febrero 1965 – 20 enero 1966	Serpiente (fuego)	madera	S, SE, E
21 enero 1966 – 8 febrero 1967	Caballo (fuego)	fuego	S
9 febrero 1967 – 29 enero 1968	Oveja (tierra)	fuego	SO, NE, S
30 enero 1968 – 16 febrero 1969	Mono (metal)	tierra	NO, O, SO, NE
17 febrero 1969 – 5 febrero 1970	Gallo (metal)	tierra	NO, O, SO, NE
6 febrero 1970 – 26 enero 1971	Perro (tierra)	metal	SO, NE, NO, O
27 enero 1971 – 14 febrero 1972	Jabalí (agua)	metal	N, NO, O
15 febrero 1972 – 2 febrero 1973	Rata (agua)	agua	N
3 febrero 1973 – 22 enero 1974	Buey (tierra)	agua	SO, NE, N
23 enero 1974 – 10 febrero 1975	Tigre (madera)	madera	SE, E
11 febrero 1975 – 30 enero 1976	Conejo (madera)	madera	SE, E
31 enero 1976 – 17 febrero 1977	Dragón (tierra)	fuego	SO, NE, S
18 febrero 1977 – 6 febrero 1978	Serpiente (fuego)	fuego	S
7 febrero 1978 – 27 enero 1979	Caballo (fuego)	tierra	S, SO, NE
28 enero 1979 – 15 febrero 1980	Oveja (tierra)	tierra	SO, NE
16 febrero 1980 – 4 febrero 1981	Mono (metal)	metal	O, NO
5 febrero 1981 – 24 enero 1982	Gallo (metal)	metal	O, NO
25 enero 1982 – 12 febrero 1983	Perro (tierra)	agua	SO, NE, N
13 febrero 1983 – 1 febrero 1984	Jabalí (agua)	agua	N
2 febrero 1984 – 19 febrero 1985	Rata (agua)	madera	N, SE, E
20 febrero 1985 – 8 febrero 1986	Buey (tierra)	madera	SO, NE, SE, E
9 febrero 1986 – 28 enero 1987	Tigre (madera)	fuego	SE, E, S
29 enero 1987 – 16 febrero 1988	Conejo (madera)	fuego	SE, E, S
17 febrero 1988 – 5 febrero 1989	Dragón (tierra)	tierra	SO, NE
6 febrero 1989 – 26 enero 1990	Serpiente (fuego)	tierra	S, SO, NE
27 enero 1990 – 14 febrero 1991	Caballo (fuego)	metal	S, O, NO
15 febrero 1991 – 3 febrero 1992	Oveja (tierra)	metal	SO, NE, NO, O
4 febrero 1992 – 22 enero 1993	Mono (metal)	agua	O, NO, N
23 enero 1993 – 9 febrero 1994	Gallo (metal)	agua	O, NO, N
10 febrero 1994 – 30 enero 1995	Perro (tierra)	madera	SO, NE, SE, E
31 enero 1995 – 18 febrero 1996	Jabalí (agua)	madera	N, SE, E

EXAMEN DEL PILAR DE LA HORA

Además de analizar el pilar del año, es importante examinar el de la hora, puesto que proporciona claves adicionales que pueden ser muy beneficiosas para la persona. En la tabla de la página siguiente figura el elemento de la rama terrenal correspondiente a cada una de las 12 franjas horarias de dos horas. Fíjese en que las horas ofrecen una dimensión Yin o Yang dependiendo de si es de noche o de día. Quienes hayan nacido de noche tendrán más Yin en su hora de nacimiento, mientras que quienes lo hayan hecho de día, tendrán más Yang. En consecuencia, si los demás pilares muestran demasiado Yang, un equilibrio de energía Yin en la hora del nacimiento será positivo y también debería reflejarse en el trazado y el diseño decorativo de una estancia.

EL EXCESO DE ENERGÍA YANG DEBERÍA EQUILIBRARSE CON ENERGÍA YIN EN EL TRAZADO DECORATIVO DE UNA ESTANCIA. AQUÍ, LAS FORMAS CURVADAS Y LOS COLORES APAGADOS REALZAN EL ASPECTO YIN DE LA SALA.

EXAMEN DEL PILAR DEL MES

Si lo desea, también puede analizar el pilar del mes. Se trata de un análisis que no requiere excesivos cálculos. Lo único que hay que hacer es determinar la estación en la que ha nacido la persona y, a continuación, investigar la influencia de las estaciones en su cesta de elementos.

Hasta el momento, dispone de los detalles relativos al año y la hora, lo que le da una idea de la falta o del exceso de algún elemento.

Ahora, el impacto de la estación en la fecha de nacimiento le permitirá saber cuál es el elemento que fortalecerá el Feng Shui de la persona, pudiendo potenciar el elemento dominante en el pilar del año o utilizar el enfoque de la cesta de elementos para calcular lo que se ha «extraviado».

EL YIN Y EL YANG DE LA DECORACIÓN

Crear un entorno doméstico equilibrado es vital para vivir en armonía y fomentar el buen Feng Shui. Entre los principios básicos de la decoración del hogar se incluye el equilibrio de los aspectos Yin y Yang o la potenciación de uno sobre el otro, dependiendo de si se desea conseguir una estancia relajada (Yin) o más vibrante y estimulante (Yang). Los caracteres asociados al Yin y al Yang son los siguientes:

YIN

Oscuro; tranquilo; formas suaves y curvadas; colores apagados, como el azul, el gris o el negro; objetos que fomenten la relajación, como los cojines; flores y plantas; cristal.

YANG

Actividad; objetos angulados; luz; estilo severo; colores vivos, como el rojo; decoración y objetos estimulantes, como esculturas de caballos, ya que el caballo se considera un animal Yang.

ELEMENTOS DEL PILAR DE LA HORA

HORA DE NACIMIENTO	ELEMENTO	RAMA TERRENAL	YIN O YANG	COLORES Y DISEÑOS A USAR
23.00 a 1.00	Agua	hora rata	Yin	Azul, negro, motivos acuáticos
1.00 a 3.00	Tierra	hora buey	Yin	Piedras, cerámica, vasijas
3.00 a 5.00	Madera	hora tigre	Yin	Verde, plantas, mobiliario
5.00 a 7.00	Madera	hora conejo	Yin	Flores, motivos florales
7.00 a 9.00	Tierra	hora dragón	Yang	Cristal, piedras
9.00 a 11.00	Fuego	hora serpiente	Yang	Luces, lámparas, sol
11.00 a 13.00	Fuego	hora caballo	Yang	Rojo, marrones, amarillo
13.00 a 15.00	Tierra	hora oveja	Yang	Amarillo, ocres
15.00 a 17.00	Metal	hora mono	Yang	Blanco, dorado, plateado
17.00 a 19.00	Metal	hora gallo	Yang	Metálico, equipos estéreo
19.00 a 21.00	Tierra	hora perro	Yin	Macetas de barro, mármol
21.00 a 23.00	Agua	hora jabalí	Yin	Motivos acuáticos, azul

ELEMENTOS DEL PILAR DEL MES

ESTACIÓN	METAL	MADERA	AGUA	FUEGO
Primavera	muere	prospera	se debilita	nace
Verano	nace	se debilita	muere	prospera
Otoño	prospera	muere	nace	se debilita
Invierno	se debilita	nace	prospera	muere

SECCIONES ASTROLÓGICAS DE LA CASA

Hay otro método que utiliza la fecha de nacimiento para descubrir las secciones de la casa cuya energía debería activarse para evitar que fuesen desdichadas, ya que si están sometidas al efecto negativo de un cuarto de baño, una despensa o una cocina, la persona podría

enfermar o sufrir un síndrome crónico de falta de confianza en sí mismo. Si la desdicha es especialmente grave, incluso pueden producirse accidentes o enfermedades de fatales consecuencias.

Para determinar su sección astrológica particular debe identificar su rama terrenal o animal chino *(véase tabla de las pp. 108-109)*. Cada uno de estos animales gobierna una sección astrológica del hogar. En este sentido, la práctica de los cuatro pilares se basa en el modo de activar la energía de esta sección de la brújula.

La tabla de la página siguiente muestra la ubicación exacta de cada sección astrológica brujular en términos de grados. Compruebe su signo zoológico y luego determine su sección. Como verá, cada sección sólo ocupa un segmento de 15 grados de la brújula.

¿QUÉ SECCIÓN ASTROLÓGICA DE SU CASA DEBERÍA ACTIVAR? LO DESCUBRIRÁ CON LA FECHA DE NACIMIENTO Y LA TABLA DE LA DERECHA.

EN UNA CASA O APARTAMENTO NO INSTALE NUNCA UN BAÑO, UNA COCINA O UNA DESPENSA EN SU SECCIÓN ASTROLÓGICA.

DESCUBRA SU POSICIÓN ASTROLÓGICA

ANIMAL	SECCIÓN ASTROLÓGICA EN SEGMENTOS DE 15 GRADOS	POSICIÓN ASTROLÓGICA SEGÚN LA BRÚJULA
Rata	352,5 a 7,5 grados	norte
Buey	22,5 a 37,5 grados	norte-nordeste
Tigre	52,5 a 67,5 grados	este-nordeste
Conejo	82,5 a 97,5 grados	este
Dragón	112,5 a 127,5 grados	este-sudeste
Serpiente	142,5 a 157,5 grados	sur-sudeste
Caballo	172,5 a 187,5 grados	sur
Oveja	202,5 a 217,5 grados	sur-sudoeste
Mono	232,5 a 247,5 grados	oeste-sudoeste
Gallo	262,5 a 277,5 grados	oeste
Perro	292,5 a 307,5 grados	oeste-nordeste
Jabalí	322,5 a 337,5 grados	norte-noroeste

PRIMERO DETERMINE SU RAMA TERRENAL O ANIMAL DEL ZODÍACO CHINO *(VÉASE TABLA P. 111)*, Y LUEGO CONSULTE LA TABLA SUPERIOR PARA SABER QUÉ SECCIÓN DE LA VIVIENDA DEBERÍA ACTIVAR.

Aplicación de la fórmula

En una brújula, los segmentos emanan del centro del círculo. El círculo se superpone sobre el plano de la casa. En la fórmula de los cuatro pilares, la localización de las secciones astrológicas de la vivienda sirve para identificar las áreas favorables de la misma que se corresponden con cada uno de los animales astrológicos. Este método difiere de la fórmula de las ocho mansiones, que emplea la cuadrícula Lo Shu para delimitar los sectores de la casa.

En el Feng Shui de los cuatro pilares, es importante tener en cuenta los segmentos atribuidos a cada animal. La rata está situada en el norte, el caballo en el sur, el conejo en el este y el gallo en el oeste. Sus «guaridas» en la brújula también reflejan el elemento que representan.

1 *Localice el centro de su casa sobre un plano a escala.*

2 *Use una buena brújula occidental para determinar el norte magnético. Adquiera un modelo que indique las orientaciones en grados para que las lecturas sean más precisas.*

3 *Una vez localizado el norte, trace el eje norte-sur pasando por el centro de la vivienda.*

4 *Luego trace el eje este-oeste, pasando también por el punto central.*

5 *Partiendo de estos dos ejes es fácil delimitar cada sección astrológica de los 12 animales con arreglo a la tabla de la p. 113.*

NOTAS

- Delimite los segmentos astrológicos con la máxima precisión.
- Le será más fácil trabajar con un plano a escala, ya que le permitirá realizar lecturas brujulares muy precisas.
- Si la casa tiene dos o más plantas, puede aplicar el mismo análisis en cada una.

La interpretación del Feng Shui positivo o negativo se funda en dos factores: su signo zoológico y si el baño, el aseo o la cocina ejercen un influjo desfavorable en su sección astrológica de la vivienda.

Observe el plano seccionado de la página siguiente, que muestra un aseo en la sección del tigre, un cuarto de baño en la del dragón y una cocina en la del gallo. Si algún miembro de la familia ha nacido en un año de cualquiera de estos animales, según el método de los cuatro pilares su Feng Shui será negativo, puesto que su zona astrológica es desdichada.

Este ejemplo ilustra las desdichas del Feng Shui que conviene remediar. La mejor manera de eliminar el efecto de los baños y las cocinas situados en una sección desfavorable consiste, lógicamente, en reinstalarlos, aunque también se puede superar el efecto perjudicial de los baños ubicados en una sección negativa colgando un gran espejo en la cara exterior de la puerta, para que dé la sensación de haber desaparecido, o pintar la cara interior de un rojo intenso, contrarrestando la energía negativa de la estancia.

POTENCIACIÓN DEL CHI

Con la fórmula de los cuatro pilares puede fomentar el Chi en la sección astrológica de su casa, utilizando el elemento apropiado en cada sección. Por ejemplo, si ha nacido en el año de la rata, su sección es el norte, que deberá activar con agua. Coloque un accesorio de agua en cualquier lugar dentro del segmento que delimita la sección astrológica de la rata. De este modo, potenciará el Feng Shui de cualquier residente en la vivienda que haya nacido bajo el signo de la rata. Pero no lo haga si esta zona de la casa es un dormitorio —no es aconsejable tener agua en él— o si la carta de estrella fugaz le previene contra ese elemento.

Este método de Feng Shui se practica en Extremo Oriente y es particularmente popular en Hong Kong y Singapur. Se considera una técnica personalizada que hace un especial hincapié en el año de nacimiento, no en la fecha y hora. Los maestros de Feng Shui utilizan este método de «determinación rápida» para investigar las vi-

CADA ANIMAL DEL ZODÍACO CHINO OCUPA UN SEGMENTO ESPECÍFICO DE LA BRÚJULA, EMPEZANDO POR LA RATA EN EL NORTE.

viendas de los clientes que se quejan amargamente de su mala suerte.

Esta técnica es excelente para investigar el caso de quien acaba de mudarse de casa o de dormitorio y ha contraído una súbita y grave enfermedad, que casi siempre se debe a la presencia de un «dragón en el cuarto de baño», lo que significa que uno de los baños ocupa la sección astrológica del dragón, o de «rata en la cocina», es decir, que la cocina está situada en la sección astrológica de este animal. En ambos supuestos, cualquier persona nacida en el año del dragón o de la rata sufre los efectos de un Feng Shui negativo, y si además vino al mundo durante las horas del dragón o de la rata, el impacto desfavorable aumentará. El remedio consiste en colgar de inmediato un carrillón de cinco varillas en dicho sector. Si ningún miembro de la familia ha nacido bajo el signo de estos animales, no hace falta recurrir al carrillón.

Use la tabla de la p. 113 para comprobar que no existe nada perjudicial en su sección astrológica de la vivienda.

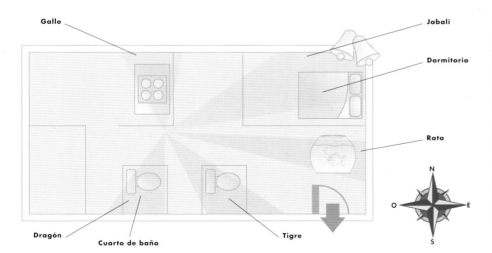

Gallo

Jabalí

Dormitorio

Rata

Dragón

Cuarto de baño

Tigre

N
O   E
S

LOS BAÑOS EN EL TIGRE Y LAS SECCIONES DEL DRAGÓN, Y UNA COCINA EN LA SECCIÓN DEL GALLO SIGNIFICAN QUE LOS RESIDENTES NACIDOS EN LOS AÑOS DE ESTOS ANIMALES PODRÍAN SUFRIR UN FENG SHUI NEGATIVO. SI HA NACIDO EN UN AÑO DE LA RATA, ACTIVE LA SECCIÓN ASTROLÓGICA DE LA CASA CORRESPONDIENTE A ESE ANIMAL CON UN ACCESORIO DE AGUA (ACUARIO, ETC.) Y SI HA NACIDO EN UN AÑO DEL JABALÍ, ACTIVE UN DORMITORIO SITUADO EN SU SECTOR ASTROLÓGICO COLGANDO PEQUEÑAS CAMPANAS METÁLICAS PARA ATRAER LA BUENA SUERTE.

8

LA FÓRMULA
DEL DRAGÓN DEL AGUA

El flujo del viento y del agua manifiestan los efectos físicos del Feng Shui y ambos tienen la facultad de traer la buena suerte. La dirección en la que fluye el agua con relación a una casa, acercándose, alejándose, rodeándola o pasando por delante o por detrás, tiene una extraordinaria influencia en el flujo del Chi del bienestar económico. Asegure un buen flujo de Chi dentro y alrededor de la vivienda y estará invitando a entrar a la buena fortuna; deteriórelo y todo serán pérdidas en su vida. La dirección en la que mira la puerta principal es esencial en esta fórmula; una vez establecida, se revelan todos los flujos benéficos.

El Feng Shui y el agua

En el análisis del Feng Shui se suele decir que el flujo del agua es el reflejo del flujo invisible de las corrientes Chi que circulan alrededor de la Tierra, trayendo consigo un inmenso potencial de fortuna y prosperidad. Los textos antiguos describen en términos líricos todas las manifestaciones de la buena suerte que trae el agua de «buenos sentimientos», comparando la buena fortuna a un árbol seco que vuelve a florecer, a las ramas y las hojas que vuelven a brotar, al dragón que apaga su sed, todo lo cual indica que los infortunios pueden convertirse fácilmente en buenos augurios.

Se cree que el agua ejerce una gran influencia en el dinero, pudiendo traer la prosperidad, aunque también puede ser la causa de una grave pérdida económica. En su nivel más simple, la tecnología del Feng Shui del agua afirma que cuando ésta fluye hacia usted o hacia la puerta principal de su casa, le ofrece dinero a manos llenas, mientras que si se aleja de usted o de la puerta, se lleva todo el dinero consigo.

De ahí que los accesorios de agua, ya sean naturales o artificiales, no deberían alejarse jamás. Las cascadas, los estanques y los surtidores carecen de valor en Feng Shui a menos que el agua dé la sensación de dirigirse hacia la puerta de la vivienda. No obstante, las fuentes y otras construcciones por el estilo son excelentes para mitigar determinadas estrellas fugaces sombrías.

Por su parte, los ríos y los canales que discurren junto a su casa traen más buena suerte si lo hacen por delante que por detrás de ella. Sólo cuando la puerta principal puede «ver» la corriente de agua, desencadena todo su potencial favorable en términos económicos.

LA TEORÍA DE LOS CINCO ELEMENTOS Y EL AGUA

El agua es uno de los cinco elementos presentes en el análisis y la aplicación de muchas fórmulas de Feng Shui. Los otros cuatro son el fuego, la madera, el metal y la tierra. Comprender la significación del agua y la forma en la que se relaciona con estos cuatro elementos es fundamental en la práctica del Feng Shui de la prosperidad. El «shui» de *Feng Shui* también significa agua.

Según la teoría de los cinco elementos, el agua está producida por el metal, consumiéndolo. A su vez, produce la madera, que consu-

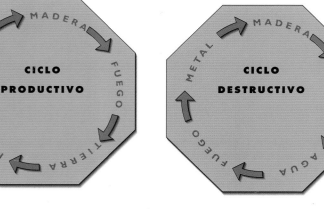

COMPRENDER EL CICLO PRODUCTIVO (IZQUIERDA) Y EL CICLO DESTRUCTIVO (DERECHA) DE LOS CINCO ELEMENTOS ES ESENCIAL EN LA PRÁCTICA DE LA FÓRMULA DEL AGUA.

me el agua. Esto por lo que se refiere al ciclo productivo de los cinco elementos, ya que en el destructivo, el agua es destruida por la tierra y, a su vez, destruye el fuego.

Estas relaciones entre los distintos elementos es crucial en la aplicación de cualquier fórmula del Feng Shui de la Escuela de la Brújula, ya que cada dirección brujular representa a uno de estos cinco elementos. El agua representa el norte. Independientemente del lugar del mundo en el que se encuentre, ya sea Australia, Europa, América del Sur o Canadá, el norte es el punto de la brújula que representa el agua. Las direcciones que corresponden a cada uno de los cuatro elementos restantes se indican en la página 65.

> ¡ATENCIÓN!
>
> **Un dragón del agua es una corriente de agua serpenteante. Todo lo que serpentea (carretera, montaña, etc.) representa a un dragón.**

LOS RÍOS Y LOS CANALES QUE DISCURREN JUNTO A UNA CASA TRAEN MÁS SUERTE CUANDO LO HACEN POR DELANTE QUE POR DETRÁS.

EL FENG SHUI DEL PAISAJE Y EL AGUA

Existen dos formas de enfocar el Feng Shui y el agua. La Escuela del paisaje exige el análisis de las características físicas del agua. En el caso de un río, por ejemplo, es necesario considerar su forma, su anchura, la calidad del agua, la velocidad de la corriente, la agudeza de sus recodos, el color del agua, su potabilidad y su limpieza para determinar si tiene la facultad de generar un Feng Shui positivo.

Los mejores tipos de aguas son las limpias y de corriente lenta. Los ríos que forman suaves meandros a la vista de la puerta principal son muy favorables. En el Feng Shui del paisaje, eso significa que el río discurre lento frente a la casa y a un nivel inferior del terreno, lo que se describe como «llevar un cinturón de jade».

EL FENG SHUI DE LA BRÚJULA Y EL AGUA

Para la Escuela de la Brújula del Feng Shui, la situación y la dirección del flujo del agua se determinan según la orientación de la puerta principal y no de la fecha de nacimiento de los residentes en la casa. La fórmula del agua del Feng Shui parte del análisis del paisaje en lugar de los aspectos astrológicos. En consecuencia, la determinación de si la corriente de agua debería discurrir de derecha a izquierda o de izquierda a derecha por delante de la puerta dependerá de su orientación exacta *(véase tabla inferior)*.

Los distintos sectores de la brújula están relacionados entre sí en términos de los cinco elementos. También existen relaciones complejas entre los respectivos trigramas que simbolizan cada sector y dirección. En la práctica avanzada, deben investigarse a fondo, teniendo en cuenta el equilibrio Yin/Yang entre los elementos y las estructuras del entorno paisajístico.

Todo esto es lo que hace tan complicada la práctica del Feng Shui. Sin embargo, he descubierto que en la práctica elemental, a nivel de aficionados, profundizar tanto sólo proporciona beneficios marginales. El Feng Shui avanzado es para los maestros, cuyo conocimiento requiere una base lo más amplia posible para poder dar consejos precisos a partir de las orientaciones y flujos del agua.

Para el aficionado que trabaja con su propia casa, lo importante es asegurarse de que los flujos acuáticos se mueven en la dirección favorable, es decir, aquélla en la que discurren por delante de la puerta principal y salen de la parcela. Este enfoque permite aplicar la fórmula del agua como si se tratara de un recetario de cocina: con facilidad y eficacia.

En general, cuando una vivienda tiene un buen Feng Shui del agua, todo el mundo se beneficia de ello. El agua es magnánima y generosa. No es una práctica personalizada que sólo beneficie a una persona, sino que todos los que residen en una casa con flujos de agua positivos sienten los efectos favorables del Feng Shui.

Al aplicar la fórmula del agua es recomendable tomar en consideración algunos elementos de las dos escuelas de Feng Shui. Así pues, conviene determinar las orientaciones, direcciones y emplazamientos del agua, así como su calidad. Es esencial mantener la armonía de los elementos. Si desea crear un Feng Shui favorable, siga estas directrices básicas:

1 *Calcule la dirección de la puerta principal antes de empezar. Recuerde que siempre debe hacerlo mirando hacia fuera.*

2 *Delimite las distintas secciones de la brújula en el suelo. Para utilizar el Feng Shui de la fórmula de la brújula debe conocer perfectamente las orientaciones. Para ello, use un plano a escala.*

FLUJO DE AGUA Y PUERTA PRINCIPAL

EL AGUA DEBE FLUIR DE DERECHA A IZQUIERDA CUANDO LA PUERTA PRINCIPAL ESTÁ ORIENTADA AL:	EL AGUA DEBE FLUIR DE IZQUIERDA A DERECHA CUANDO LA PUERTA PRINCIPAL ESTÁ ORIENTADA AL:
sudoeste	sur
noroeste	norte
sudeste	este
nordeste	oeste

3 *Cuando la corriente de agua tenga que girar para adaptarse a la orografía del terreno, procure que el ángulo sea coherente con el elemento de su posición. Por ejemplo, en los sectores este y sudeste (madera), use un ángulo de flujo que refleje el ángulo de la madera o del agua, ya que el agua produce madera y genera armonía.*

LA FÓRMULA DEL AGUA EN EL FENG SHUI

Los textos antiguos sobre el agua y, en especial, el *Water Dragon Classic*, distingue entre agua grande y agua pequeña.

El agua grande se refiere a la que está presente en la naturaleza: ríos, lagos, estanques, pozos artesianos, mares y océanos. Si tiene la suerte de vivir cerca de cualquiera de ellos, la fórmula del agua le permitirá «captar» su energía y disfrutar de una extraordinaria prosperidad. El secreto consiste en la forma de orientar la casa, sobre todo la puerta principal delantera.

El agua pequeña se refiere a los flujos acuáticos artificiales construidos por el hombre: cursos de agua privados o públicos, pozos y estanques de peces. Si disponen de una corriente y un suministro

de agua constantes, son tan poderosos y eficaces como el agua grande. Construyendo cursos de agua alrededor de una casa, la fórmula del agua puede traer prosperidad y dinero. No lo olvide: los cursos de agua sólo dan resultados cuando el agua circula. Si se estanca o se seca, representa un dragón muerto, y eso es muy negativo.

Independientemente de si el agua es grande o pequeña, existen tres factores esenciales que influyen en la prosperidad potencial del flujo de agua:

- cómo discurre por delante de la puerta;
- cómo fluye alrededor de la casa;
- cómo sale de la parcela.

La fórmula del agua ofrece instrucciones específicas sobre estos tres factores. El tipo de flujo depende de la dirección de la puerta principal y, en algunos casos, también del relieve del terreno en el que se asienta la vivienda. Para simplificar la aplicación de esta fórmula, he dividido las direcciones de la puerta en 12 categorías y, luego, he resumido las tres direcciones afortunadas de salida en cada categoría. Si es posible, compruebe que la dirección del curso de agua al salir de la casa es una de las afortunadas.

Las demás poseen diversos grados de infortunio, y dos de ellas pueden ocasionar graves desastres familiares.

LAS 12 CATEGORÍAS DE DIRECCIONES DE PUERTAS SE BASAN EN LAS 24 DIRECCIONES DE LAS PUERTAS (TRES SUBDIRECCIONES POR CADA DIRECCIÓN PRINCIPAL). DE LAS 24 DIRECCIONES, LOS SECTORES SUBDIRECCIONALES SE FUSIONAN DE DOS EN DOS FORMANDO UNA SOLA CATEGORÍA DE PUERTA.

CASO PRÁCTICO 1

Si la puerta está orientada a 180° del norte, está en la dirección wu y pertenece a la categoría 1, en la que el agua debe pasar por delante de la puerta delantera de izquierda a derecha. Eso significa que si está de pie dentro de la casa y mirando al exterior a través de la puerta, el agua debería discurrir de izquierda a derecha.

El mejor flujo de salida del agua en las viviendas de categoría 1 es hacia la dirección sin o shih, es decir, que debería salir en un ángulo de 277,5° a 307,5° (véase Resumen en la página de la derecha). La mejor manera de simular este curso favorable de agua consiste en construir una pequeña corriente en esa dirección. Al diseñar los desagües para asegurar la dirección de salida, procure ser preciso, ya que salir por el sector contiguo a uno favorable casi siempre provoca grandes infortunios.

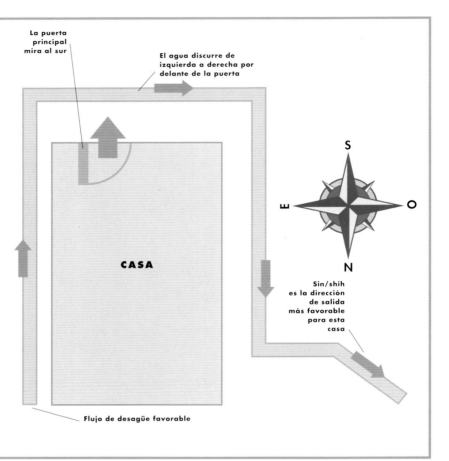

La puerta principal mira al sur

El agua discurre de izquierda a derecha por delante de la puerta

Sin/shih es la dirección de salida más favorable para esta casa

CASA

Flujo de desagüe favorable

CASO PRÁCTICO 2

Si la puerta está orientada en la dirección sin (de 277,5° a 292,5°) su casa pertenece a la categoría 5, lo que significa que si se coloca de pie dentro de la casa y mirando al exterior a través de la puerta, estará encarado al oeste-noroeste. El agua debería discurrir por delante de la vivienda de derecha a izquierda. Ahora deberá determinar la dirección ideal de salida del agua desde la casa para que el flujo sea positivo. Si aplica la fórmula, verá que la mejor es la sudoeste (dirección kun/sen, situada entre 217,5° y 247,5°). Una vez más, la mejor manera de conseguir este curso de agua consiste en utilizar el propio sistema de drenaje de la vivienda, aunque asegurándose de que el flujo de agua sea permanente. Si se estanca o se seca, simboliza un dragón muerto.

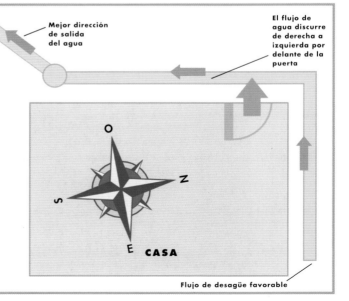

Mejor dirección de salida del agua

El flujo de agua discurre de derecha a izquierda por delante de la puerta

CASA

Flujo de desagüe favorable

RESUMEN DE LA FÓRMULA DEL AGUA

DOCE CATEGORÍAS DE PUERTAS	DIRECCIÓN DE LA PUERTA	NOMBRE DE LAS SUBDIRECCIONES Y GRADOS DE LA BRÚJULA	FLUJO DEL AGUA POR DELANTE DE LA PUERTA PRINCIPAL	MEJORES DIRECCIONES DE SALIDA: 1.ª, 2.ª, 3.ª
1	Sur	Ping: 157,5 a 172,5 grados Wu: 172,5 a 187,5 grados	Izquierda a derecha	1.ª: sin o shih 2.ª: ting o wei 3.ª: chia
2	Sur-sudoeste	Ting: 187,5 a 202,5 grados Wei: 202,5 a 217,5 grados	Derecha a izquierda	1.ª: shun o tze 2.ª: kun 3.ª: no disponible*
3	Sudoeste	Kun: 217,5 a 232,5 grados Sen: 232,5 a 247,5 grados	Derecha a izquierda	1.ª: yi o shen 2.ª: ting o wei 3.ª: ken o yu
4	Oeste	Ken: 247,5 a 262,5 grados Yu: 262,5 a 277,5 grados	Izquierda a derecha	1.ª: kway o choh 2.ª: sin o shih 3.ª: ping
5	Oeste-noroeste	Sin: 277,5 a 292,5 grados Shih: 292,5 a 307,5 grados	Derecha a izquierda	1.ª: kun o sen 2.ª: chien o hai 3.ª: no disponible*
6	Noroeste	Chian: 307,5 a 322,5 grados Hai: 322,5 a 352,5 grados	Derecha a izquierda	1.ª: ting o wei 2.ª: sin o shih 3.ª: zen o cher
7	Norte	Zen: 352,5 a 367,5 grados Chet: 367,5 a 7,5 grados	Izquierda a derecha	1.ª: yi o shen 2.ª: kway o choh 3.ª: ken
8	Norte-nordeste	Kway: 7,5 a 22,5 grados Choh: 22,5 a 37,5 degees	Derecha a izquierda	1.ª: chian o hai 2.ª: gen o yin 3.ª: no disponible*
9	Nordeste	Gen: 37,5 a 52,5 grados Yin: 52,5 a 67,5 grados	Derecha a izquierda	1.ª: sin o shih 2.ª: kway o choh 3.ª: chia o mau
10	Este	Chia: 67,5 a 82,5 grados Mau: 82,5 a 97,5 grados	Izquierda a derecha	1.ª: ting o wei 2.ª: yi o shen 3.ª: zen
11	Este-sudeste	Yi: 97,5 a 112,5 grados Shen: 112,5 a 127,5 grados	Derecha a izquierda	1.ª: gen o yin 2.ª: shun o tze 3.ª: no disponible*
12	Sudeste	Shun: 127,5 a 142,5 grados Tze : 142,5 a 157,5 grados	Derecha a izquierda	1.ª: kway o choh 2.ª: yi o shen 3.ª: ping o wu

*No existe tercera opción favorable. (Véase «Selección de las direcciones de salida» en la p. 124)

Aplicación de la fórmula

Cuando haya determinado exactamente en qué subdirección está orientada la puerta y haya usado la tabla de la página anterior para saber cuáles son las mejores direcciones de flujo y de salida, puede empezar a aplicar la fórmula. Pruebe con la primera de las tres direcciones de salida favorables. Si no es posible, pase a la segunda o a la tercera. Las tres traen prosperidad. A continuación le explicaré las diferencias que existen entre ellas y cuáles deberían ser sus expectativas.

SELECCIÓN DE LAS DIRECCIONES DE SALIDA

1 *La primera dirección de salida de cada categoría de puerta ofrece tres combinaciones afortunadas. Las piedras preciosas fluyen continuamente hacia los residentes, y el cabeza de familia llevará un cinturón de jade, que simboliza la riqueza y el poder. Disfrutará de un elevado estatus social y se convertirá en un miembro poderoso y respetado de la clase dirigente. Prosperidad excepcional y gran abundancia de dinero. Además, la pareja tendrá muchos descendientes, que serán leales y honrarán el apellido familiar. Todos los hijos e hijas serán inteligentes, y este flujo de agua resultará igualmente beneficioso tanto para los hombres como para las mujeres de la casa. En resumen, la primera dirección anuncia toda clase de buenos augurios presidiendo el hogar.*

2 *Si no es posible aprovechar la primera dirección, la segunda también trae buena fortuna. La casa que disfruta de este flujo de salida se convertirá en un hogar adinerado y los hombres alcanzarán altos cargos en el gobierno. Los residentes gozarán de buena salud. Los ingresos irán en aumento, e incluso durante las épocas de crisis, el buen Feng Shui los protegerá de sufrir pérdidas excesivas.*

3 *La elección de la dirección de salida dependerá por completo de cuál sea su situación particular. A veces no es posible aprovechar ninguna de las dos primeras. No obstante, el maestro de Feng Shui que me reveló la fórmula del agua me aseguró que la tercera también solía dar excelentes resultados.*

4 *Pero en el caso de que la tercera dirección de salida sea muy desfavorable, aún quedan cuatro categorías de puertas:*

- *En las categorías 2, 5 y 8, la tercera dirección de salida del agua trae pobreza y el descalabro económico familiar.*
- *En la categoría 11, la tercera dirección de salida trae una mezcla de buena suerte y mala suerte, que siempre acaba mal para quienes residen en la casa.*

De ahí que en estas cuatro categorías de puertas la opción del buen flujo de salida quede reducida a elegir entre la primera y la segunda. En la tabla de referencia de la p. 123, he calificado como «no disponible» la tercera dirección de salida del agua para aquellas categorías de puertas que no poseen una tercera opción de flujo del agua favorable.

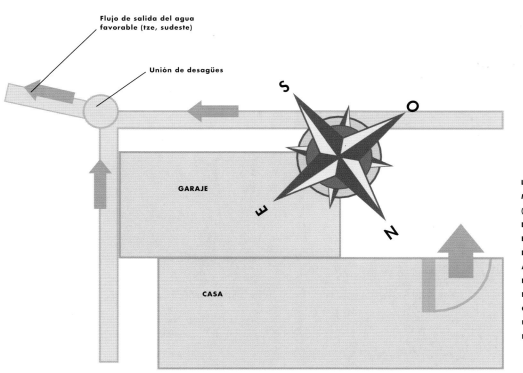

Flujo de salida del agua favorable (tze, sudeste)

Unión de desagües

S

O

E

N

GARAJE

CASA

LA PUERTA PRINCIPAL
MIRA AL SUR-SUDOESTE
(TING). ES UNA CASA
DE CATEGORÍA 2.
EN ESTE EJEMPLO, EL AGUA
DISCURRÍA DE IZQUIERDA
A DERECHA POR DELANTE
DE LA PUERTA Y ESO ERA
DESFAVORABLE. DE AHÍ
QUE SE HAYA CONSTRUIDO
UN NUEVO CURSO DE
DERECHA A IZQUIERDA.

ADAPTACIÓN DE LA FÓRMULA DEL AGUA

A menudo, superar los obstáculos en la aplicación de la fórmula requiere creatividad y una genuina determinación para crear el tipo exacto de curso de agua. Eso es debido a los numerosos inconvenientes que hay que afrontar para adaptar las directrices. En ocasiones, hay que reconstruir totalmente los desagües, o cuando el terreno está inclinado en la dirección equivocada, no queda otro remedio que cavar y remodelarlo en lo necesario para que el drenaje discurra en la dirección correcta.

Por otro lado, para optimizar los beneficios del flujo de salida, hay que canalizar la máxima cantidad posible de agua desde la casa y alrededor de ella en la dirección de salida favorable.

Recuerde que el ángulo del flujo de salida del agua debe estar perfectamente orientado. Es la parte más importante de la fórmula, y si ha contratado a un equipo de obras, debería asegurarse de que alguien capacitado supervise el trabajo. No dé por sentado que lo harán como es debido. Conozco casos en los que el ángulo de salida del flujo de agua es incorrecto aun después de que un maestro de Feng Shui lo verificara personalmente varias veces con su brújula.

Cubra el pozo para evitar que alguien pueda caerse en él. Sin embargo, si los desagües se han construido por razones de Feng Shui, deberían estar abiertos, so pena de que pierdan todo su significado y de haber malgastado el tiempo. Use una rejilla para cubrir los drenajes y los pozos. De este modo, permanecerán a la vista.

Los dragones del agua en el jardín

L a aplicación más interesante de la fórmula del agua quizá sea la construcción de dragones del agua artificiales para atraer la buena fortuna, que según rezan los textos, perdura siete generaciones o incluso más. Los dragones del agua no se pueden construir favorablemente para todas las categorías de puertas. Esta sección se refiere únicamente a las favorables, es decir, las categorías 5 a 12.

Los dragones del agua en el jardín no son necesariamente mejores que el uso de la primera dirección de salida. Aunque un dragón del agua parece muy prometedor, le aconsejo precaución. Es evidente que si se construye correctamente, la prosperidad es inimaginable. Pero si se hace mal, el desastre puede ser colosal... ¡y es muy fácil equivocarse!

En mi casa, he utilizado la primera dirección de salida de la fórmula y me siento muy satisfecha de los resultados. El terreno de la parcela es inadecuado para un dragón del agua. Una amiga mía construyó uno poco después de que le regalara mi libro de Feng Shui

LOS DRAGONES DEL AGUA EN EL JARDÍN NO TIENEN POR QUÉ SER MÁS EFICACES QUE LA PRIMERA DIRECCIÓN DE SALIDA.

del agua, hace tres años. Hoy, su marido es archimillonario y ni siquiera les afectó la grave crisis económica que azotó Asia a mediados de 1997.

Además, los textos sobre la fórmula del agua describen con todo lujo de detalles qué tipo de familia o de cabeza de familia es lo bastante «robusto» para mantener un dragón del agua.

En otras palabras, si no está dotado del don divino de poder beneficiarse de su influencia, es preferible que no lo construya. Pero si lo está, ¡no lo dude! Un sinfín de bendiciones caerán sobre su familia durante muchas generaciones.

Sólo quienes disponen de una suficiente extensión de terreno pueden plantearse la posibilidad de construir un dragón del agua. De entrada, no es algo que esté al alcance de todo el mundo, ni tampoco todo el mundo puede permitirse el lujo de construirlo. Sin embargo, en el ámbito empresarial o nacional, la construcción de un dragón del agua puede traer un enorme éxito al proyecto. Por lo tanto, es aconsejable considerar esta parte de la fórmula del agua como más adecuada para proyectos ambiciosos, de gran envergadura, que puedan suponer grandes beneficios para mucha gente.

Algunas de las directrices para construir un dragón del agua son relativamente simples, mientras que otras son muy complejas. Todo depende de la orientación de la puerta principal.

EL DRAGÓN DEL AGUA EN UNA CASA DE CATEGORÍA 5

Una casa de categoría 5 tiene la puerta principal orientada en dirección sin/shih (oeste-noroeste y entre 277,5° y 307,5°). Para crear un dragón del agua más favorable, que traiga una enorme prosperidad, siga las directrices siguientes. Es importante construir correctamente el flujo de agua.

1 *El agua debe proceder de la dirección sin, es decir, del oeste-noroeste (277,5°-292,5°).* (Véase diagrama inferior.)

2 *El agua debe discurrir de izquierda a derecha por delante de la puerta* (véase diagrama inferior).

3 *Luego deje que la corriente rodee por lo menos una parte de la casa y que fluya hacia el este.*

4 *Por último, déjela salir en la dirección chia, es decir, directamente al este, entre 67,5° y 82,5°.*

CASA

LA PUERTA PRINCIPAL MIRA A SIN Y EL AGUA PROCEDE DE ESTA DIRECCIÓN.

EL DRAGÓN DEL AGUA EN UNA CASA DE CATEGORÍA 6

Una casa de categoría 6 tiene la puerta principal orientada en cualquier dirección entre 307,5° y 352,5°, o directamente al noroeste (chian o hai). El dragón del agua se podrá construir siempre que el relieve del terreno lo permita. En este caso, la zona de la derecha del jardín, vista desde el interior de la casa, tiene que estar un poco elevada. Si consigue construir este dragón del agua y sigue las instrucciones al pie de la letra, la familia disfrutará de un excepcional bienestar económico y todo lo que emprendan sus miembros tendrá éxito. Dinero a manos llenas y toda clase de buena suerte.

1 *El agua debe fluir desde una elevación hacia la puerta principal (véase diagrama inferior).*

2 *Luego tiene que discurrir de derecha a izquierda por delante de la puerta.*

3 *A continuación, debe salir del jardín o de la parcela en dirección hai, es decir, hacia el noroeste, en un ángulo de 322,5° a 352,5°. Dará la sensación de que el agua sale directamente frente a la puerta principal.*

4 *Deje que discurra en esa dirección durante unos 30 m y, luego, que dé un giro para regresar en cualquier dirección. Para haber creado el dragón bastará con que parezca fluir de nuevo hacia la casa.*

5 *Por último, deberá perderse de vista, es decir, hacerse subterránea. Eso simboliza que el agua, que representa la riqueza, se acumula en la casa y no vuelve a salir de ella.*

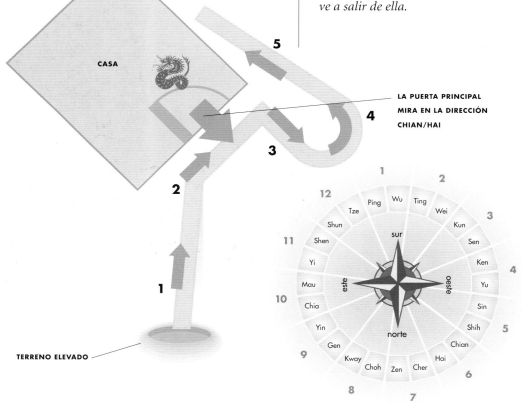

CASA

5

LA PUERTA PRINCIPAL
MIRA EN LA DIRECCIÓN
CHIAN/HAI

4

3

2

1

TERRENO ELEVADO

1 — Wu
Ping — Ting
12 — Wei
Tze — Kun
Shun — Sen
11 — Ken
Shen — Yu
Yi — Sin
este — oeste
Mau — Shih
10 — Chian
Chia — Hai
Yin — Cher
Gen — Zen
Kway — Choh
sur / norte
9 · 8 · 7 · 6 · 5 · 4 · 3 · 2

EL DRAGÓN DEL AGUA
EN UNA CASA DE CATEGORÍA 7

En una casa de categoría 7, la puerta principal está orientada en dirección zen o cher, básicamente el norte (exactamente entre 352,5° y 7,5° de la brújula). Para construir un dragón del agua hay que disponer de un mínimo de 30 m en el sector nordeste del jardín, ya que uno de los requisitos del flujo de agua es que discurra al menos 30 m en esa dirección.

Si su casa pertenece a la categoría 7 y consigue construir este dragón del agua, tanto usted como su familia disfrutarán de una gran prosperidad y abundancia. Tendrán buenas oportunidades profesionales y nadarán en dinero. Si el terreno también es favorable, el cabeza de familia incluso alcanzará un cargo ministe-

rial. Los hijos también prosperarán y honrarán el apellido familiar. Éstas son las directrices para crear un dragón del agua de categoría 7:

1 *Deje fluir el agua de derecha a izquierda por delante de la puerta.*

2 *Deje que el agua parezca salir en dirección gen. El ángulo de salida está situado entre 37,5° y 52,5°. El curso debe tener un mínimo de 30 m de longitud.*

3 *Luego deje que dé un giro a la izquierda, formando un bucle.*

4 *Por último, el flujo debe hacerse subterráneo o cubrirse por completo. No debe quedar a la vista al salir del jardín.*

EN UNA CASA DE CATEGORÍA 7 SÓLO SE PUEDE CONSTRUIR UN DRAGÓN DEL AGUA SI HAY UN ESPACIO MÍNIMO DE 30 M EN EL SECTOR NORDESTE. ES UN REQUISITO ESENCIAL.

LOS DRAGONES DEL AGUA EN UNA CASA DE CATEGORÍA 8

Si su casa es de categoría 8, tiene dos opciones de dragón del agua. La puerta principal de las viviendas de categoría 8 está orientada en dirección kway o choh (norte-nordeste). La lectura exacta de la brújula se sitúa entre 7,5° y 37,5°. Antes de empezar las obras, investigue el terreno de la parcela. Los manuales sobre el agua señalan que el terreno demasiado accidentado es inapropiado para los dragones del agua. Además, algunos ángulos de flujo deben evitarse a toda costa, en cuyo caso es aconsejable ceñirse a las dos primeras direcciones de salida de la tabla de la p. 123 y no intentar construir un dragón. Será usted quien elija. Investigue la parcela y el espacio disponible antes de tomar una decisión. Si elige construirlo, asegúrese de que la lectura de la brújula de la dirección de salida es precisa.

> **¡ATENCIÓN!**
>
> El terreno demasiado accidentado suele ser inadecuado para construir dragones del agua.

DRAGÓN DEL AGUA NÚMERO 1

Si se construye correctamente, este dragón del agua traerá muchísimo dinero a la casa. Los hijos serán un cielo y prosperarán. Los negocios se expansionarán y el cabeza de familia alcanzará una elevada posición profesional y social. Buena fortuna en todos los sentidos. He aquí las directrices:

1 *El agua debe discurrir de izquierda a derecha por delante de la puerta principal.*

2 *Luego deberá continuar en dirección kway, es decir, en un ángulo de 7,5° a 22,5° del norte, y muy cerca de la puerta. No debe ni siquiera rozar la dirección choh (de 22,5° a 37,5°), de manera que la dirección del compás debe ser exacta. Preste atención a todos los detalles durante todas las obras.*

3 *Después, deje que el curso continúe durante 30 m en dirección kway antes de girar a la derecha.*

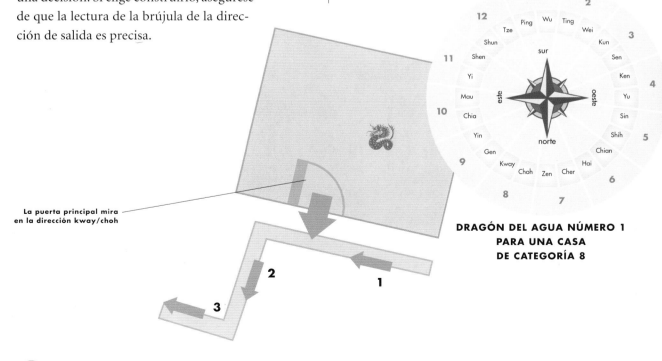

La puerta principal mira en la dirección kway/choh

DRAGÓN DEL AGUA NÚMERO 1 PARA UNA CASA DE CATEGORÍA 8

DRAGÓN DEL AGUA NÚMERO 2

Si está bien construido, este dragón del agua trae buena fortuna a cinco generaciones. El dinero fluirá con facilidad y todos los proyectos tendrán éxito. No obstante, es inviable en terrenos accidentados o montañosos. La superficie de la parcela debe ser totalmente llana, pues de lo contrario el dragón no podrá sobrevivir y la suerte brillará por su ausencia. He aquí las directrices para construirlo:

1 *El agua debe discurrir de izquierda a derecha por delante de la puerta principal, procedente de la dirección kway.*

2 *Luego debe girar a la derecha y rodear la casa.*

3 *Por último, saldrá en la dirección ping, en el sur, por detrás de la vivienda, es decir, fluyendo en un ángulo de 157,5° a 172,5°, pero sin ni siquiera rozar la dirección wu, contigua a ping (de 172,5° a 178,5°).*

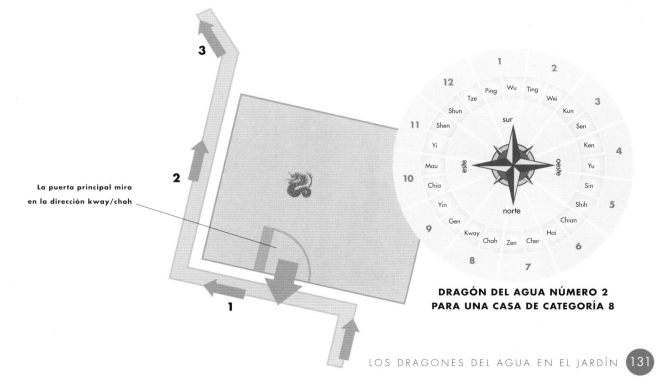

La puerta principal mira en la dirección kway/choh

**DRAGÓN DEL AGUA NÚMERO 2
PARA UNA CASA DE CATEGORÍA 8**

EL DRAGÓN DEL AGUA EN UNA CASA DE CATEGORÍA 9

Si la puerta principal está orientada en la dirección gen o yin (nordeste), se puede construir un dragón del agua extremadamente favorable, que traerá abundancia y prosperidad a raudales. Buena suerte en los negocios y muchas oportunidades de ganar dinero. Si el terreno también es favorable, la familia gozará de una gran respetabilidad, el cabeza de familia conseguirá un estatus ministerial, los niños prosperarán y honrarán el apellido familiar. Todos los residentes de la casa saldrán beneficiados. Las directrices para construir el dragón del agua son las siguientes:

1 *El agua debe fluir de derecha a izquierda por delante de la puerta principal.*

2 *Luego, seguirá en dirección gen (nordeste), cerca de la puerta (entre 37,5° y 52,5°), durante 30 m y sin tocar la dirección yin (entre 52,5° y 67,5°).*

3 *Por último, deberá formar un bucle y girar a la izquierda.*

EN UNA CASA DE CATEGORÍA 9, UN DRAGÓN DEL AGUA BIEN CONSTRUIDO TRAERÁ PROSPERIDAD A LOS HIJOS.

EL DRAGÓN DEL AGUA EN UNA CASA DE CATEGORÍA 10

Si la puerta principal de la casa está orientada al este, y más concretamente entre 67,5° y 97,5°, es decir, en las direcciones chia y mau, puede transformar los drenajes que rodean la vivienda en un poderoso dragón del agua.

Si se construye como es debido, esta configuración del flujo acuático traerá mucho dinero al hogar. El bienestar económico beneficiará a todos los residentes. Este dragón debe construirse en terreno llano y sin ninguna piedra o estructura que simbolice un animal hostil en las proximidades de la corriente. De lo contrario, el Feng Shui será negativo.

1 *El agua debe discurrir de derecha a izquierda por delante de la puerta principal.*

2 *A continuación, desviarse en la dirección chia, hacia el este, entre 67,5° y 82,5°, justo frente a la puerta. Al construir el curso, asegúrese de que el agua no sale en la dirección mau (de 82,5° a 97,5°). Ni siquiera debe rozarla.*

3 *Deje que el agua fluya 30 m en esa dirección y, luego, hágala girar a la izquierda. El ángulo es lo de menos.*

LOS DRAGONES DEL AGUA EN UNA CASA DE CATEGORÍA 11

Si la puerta principal mira al este-sudeste, y más concretamente entre 97,5° y 127,5°, es decir, lo que se conoce como las direcciones yi y shen, se pueden construir dos configuraciones de dragón del agua, ambas de excelente Feng Shui.

DRAGÓN DEL AGUA NÚMERO 1

Esta configuración de flujo acuático trae una gran prosperidad. Todos los residentes disfrutarán de un extraordinario bienestar económico y el cabeza de familia alcanzará un alto cargo nacional.

1 *El agua debe discurrir de izquierda a derecha por delante de la puerta principal.*

2 *Luego, continuar en la dirección yi, en un ángulo de 97,5° a 115,5°, justo frente a la puerta.*

3 *Deberá seguir en esta dirección durante unos 30 m y girar a la derecha. El ángulo no resulta significativo.*

DRAGÓN DEL AGUA NÚMERO 2

Este dragón exige un terreno llano. Si todo se hace correctamente, la buena suerte será asombrosa. Sin ningún género de dudas, la prosperidad y la riqueza estarán aseguradas para todos y cada uno de los miembros de la familia.

1 *El agua debe proceder de la dirección yi, en un ángulo de 97,5° a 112,5°.*

2 *Después, girar a la derecha y discurrir hacia la parte posterior de la casa, hasta llegar al sector oeste.*

3 *Por último, saldrá de la parcela en dirección ken (de 247,5° a 262,5°). El ángulo del flujo debe ser muy preciso, sin ni siquiera rozar la dirección yu contigua (entre 262,5° y 277,5°).*

EL DRAGÓN DEL AGUA EN UNA CASA DE CATEGORÍA 12

Si la puerta principal está orientada al sudeste, y más específicamente entre 127,5° y 157,5° (direcciones shun y tze), puede diseñar una configuración acuática que saque el máximo partido de la prosperidad que

anuncia el dragón del agua. Si se construye como es debido, la familia disfrutará de un incomparable bienestar económico y todas las cosas, por complejas que sean, se desarrollarán sin problemas. El dinero y la buena fortuna perdurarán durante mucho tiempo y la familia obtendrá un título nobiliario. Esta configuración del flujo de agua está considerada una de las más favorables y resulta eficaz tanto en terreno llano como irregular.

Los desagües alrededor de la casa se pueden transformar en un poderoso dragón del agua siguiendo estas directrices:

1 *El agua debe fluir de derecha a izquierda por delante de la puerta principal.*

2 *Después, desviarse en la dirección shun, en un ángulo de 127,5° a 142,5°, justo frente a la puerta. Cuando construya este curso de agua, compruebe que no roza la dirección tze contigua.*

3 *Deje que discurra en este ángulo durante unos 30 m y que gire a la izquierda. A continuación, estreche un poco el cauce.*

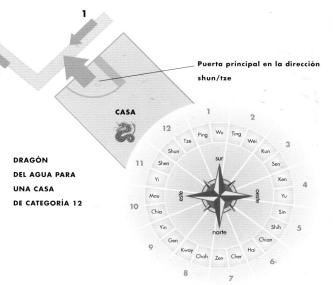

DRAGÓN DEL AGUA PARA UNA CASA DE CATEGORÍA 12

Puerta principal en la dirección shun/tze

CASA

Epílogo

Cualquier intento de proyectar una parte de la poderosa magia del Feng Shui de la fórmula de la brújula en un libro condensado que pretende simplificar su mecánica, su comprensión y su práctica nunca puede resultar un éxito completo, ya que tanto los enfoques como los conocimientos místicos implicados son incalculables. De ahí que haya decidido prescindir del análisis del funcionamiento del Feng Shui de las fórmulas, limitándome a seguir los métodos de los textos antiguos y haciendo un especial hincapié en que su aplicación sea lo más precisa posible.

Algunas de las fórmulas son tan complicadas que quizá le resulte imposible utilizarlas de inmediato. En tal caso, vuelva a leer detenidamente el capítulo correspondiente e intente practicar el método, paso a paso. Si las referencias a los cinco elementos o a la cosmología del Yin y el Yang le parecen demasiado complejas, le aconsejo que lea uno de mis libros introductorios sobre este tema *(véase Bibliografía)*. Si comprende los fundamentos del Feng Shui, sus posibilidades de éxito con las fórmulas aumentarán de un modo extraordinario. En aras de la brevedad, en este libro no he descrito ninguno de los aspectos más elementales de la práctica del Feng Shui.

A pesar de todo, se puede pasar directamente de la teoría a la práctica sin sacrificar un ápice de su eficacia.

Esta obra condensa las fórmulas, simplificándolas considerablemente, aunque conservan todo su poder benefactor en nuestra vida. Estas fórmulas son eficaces para atraer el tipo de suerte que genera un mayor bienestar económico y propicia un estilo de vida más desahogado. No olvide que el Feng Shui actúa en paralelo con otros dos tipos de suerte: la celestial, que determina si vamos a ser multimillonarios o meramente ricos, y la humana, que depende de nuestros propios esfuerzos.

De todas las fórmulas que contiene el libro, las tres más prometedoras son la fórmula de las ocho mansiones, la fórmula de la estrella fugaz y la fórmula del dragón del agua. Siga las directrices que se dan en cada una de ellas con la confianza de que han sido seleccionadas y comprobadas por algunos de los maestros de Feng Shui más prestigiosos del siglo xx.

Cada fórmula se puede aplicar por separado. Si sigue las instrucciones y su suerte celestial es favorable, le traerá un Feng Shui superpositivo, que acelera la llegada de la buena fortuna y supera los obstáculos que bloquean las oportunidades de alcanzarla.

Pero también se pueden utilizar juntas y no deberían considerarse contradictorias. Puede haber casos en los que siguiendo una fórmula se colisione con las recomendaciones de otra. La reacción inicial es de confusión, de frustración. Pero a decir verdad, aunque aparentemente sean contradictorias, a menudo ocultan significados más profundos. Con los años y después de un sinfín de diálogos con mis tutores de Feng Shui he descubierto que siempre hay una explicación para cualquier contradicción aparente.

Cuando empiece a trabajar con el Feng Shui de las fórmulas y se encuentre con una situación de este tipo, elija la opción que presente menos problemas de ejecución. Asimismo, entre activar la energía para la buena suerte y protegerse de la mala suerte, decídase siempre lo segundo, ya que ninguna energía de Feng Shui, por enorme que sea, puede funcionar si la casa, la puerta o la dirección en la que se acuesta son desdichadas a causa de algo perjudicial presente en el entorno.

Combinación de las fórmulas

Antes de estudiar cada fórmula, empiece siempre observando la puerta principal para saber cómo influye su dirección y emplazamiento en todas las consideraciones del Feng Shui de la casa. La mejor manera de hacerlo consiste en verificar qué direcciones y emplazamientos traen buena suerte al hogar. Si es el cabeza de familia, use su propia dirección para determinar la orientación ideal de la puerta, y si es posible, modifique su posición para que le resulte favorable. Eso significa disfrutar de buena suerte sin incurrir, simultáneamente, en cualquier aspecto negativo basado en otra escuela de Feng Shui. Este malabarismo de métodos es lo que hace del Feng Shui una práctica compleja para el aficionado, aunque también divertida. Por lo demás, la práctica nunca es tan complicada ni difícil como parece a primera vista.

En mi opinión, el mejor punto de partida consiste en conocer las direcciones positivas y negativas personalizadas de acuerdo con la teoría del grupo oriental y el grupo occidental de la escuela de las ocho mansiones. Al analizar la dirección de una puerta debe tener en cuenta dos cuestiones específicas:

• Las direcciones que se dan en todas las fórmulas son las mismas independientemente del lugar en el que resida. Funcionan igual en Australia y en Canadá, en Europa y en África del sur, en América del norte y en América del sur. En consecuencia, tanto si se halla en el hemisferio norte como en el hemisferio sur, el norte al que se refiere el Feng Shui es el norte magnético de la brújula y no hace falta invertir las direcciones en sus aplicaciones prácticas. No lo haga, por favor, pues de lo contrario el resultado de la fórmula será caótico. No obstante, si quiere hacerlo, le ruego encarecidamente que no utilice mis fórmulas, sino las de aquellos practicantes que defienden la inversión de la dirección en el hemisferio sur.

• Todas las direcciones que se citan se han tomado desde el interior de la casa y mirando al exterior, al igual que todas las referencias a la izquierda o la derecha.

Tras establecer las direcciones y emplazamientos de las ocho mansiones en la vivienda, elabore la carta natal de la estrella fugaz del hogar. Emplee las tablas de referencia para mudarse de las estancias y dormitorios desdichados y fomentar el uso de las áreas afortunadas. No olvide la cuadrícula Lo Shu, que identifica las zonas problemáticas de la casa.

Puede utilizar la teoría de los cinco elementos de la fórmula de las nueve aspiraciones para activar la energía de distintos sectores de la vivienda y potenciar diferentes aspectos de la suerte. El Feng Shui distingue perfectamente entre las numerosas aspiraciones del ser humano, prescribiendo distintos métodos para activar distintas clases de suerte.

El tipo de suerte que goza del mayor favor universal quizá sea la prosperidad, entendida como el fomento de los ingresos y la generación de riqueza. Para ello, no hay nada mejor que la fórmula del agua, que ofrece las técnicas secretas de la construcción del dragón del agua en el jardín. Así pues, procúrese una excelente puerta principal, una que le traiga un sinfín de suerte sheng y shi, y luego construya un curso de agua que complemente la buena fortuna de la puerta. Combinar las fórmulas de este modo resulta muy eficaz para potenciar el Feng Shui del hogar.

Conozca a Lillian Too

En 1982, Lillian Too se convirtió en la primera mujer asiática que conseguía alcanzar la dirección general de un banco, el Grindlays Dao Heng Bank, en Hong Kong. Más tarde, como presidenta adjunta de Dickson Concepts, colaboró estrechamente con Dickson Poon antes de fundar su propia cadena de almacenes en Hong Kong, Dragon Seed, y de ocupar la presidencia de la misma.

En Malasia, su país natal, *Malaysian Business*, la revista de negocios más importante del país, la ha calificado como «una especie de leyenda en los círculos empresariales y la primera mujer de esta nacionalidad que ha ocupado la presidencia de una sociedad anónima».

Lillian tiene un máster en administración y dirección de empresas por la Harvard Business School de Boston (Estados Unidos). *Success*, la revista más prestigiosa de Estados Unidos, ha dicho de ella que «compite en su propia liga» —es decir, que es única en su género; no tiene rival—, y *Vogue*, una de las publicaciones más célebres a nivel internacional, la ha descrito como «alguien a quien todos escuchan».

Como mujer de negocios, Lillian Too ganó el dinero suficiente como para no tener que trabajar

nunca más. A principios de 1990, se «jubiló» de la vida laboral para dedicarse en cuerpo y alma a la maternidad, iniciando una nueva carrera como escritora. Hasta la fecha ha publicado dieciocho best-séllers internacionales, la mayoría de los cuales versan sobre su tema favorito: el Feng Shui, que según dice, le dio muchísima suerte durante su vida profesional y sus días como empresaria en Hong Kong. Lillian Too está casada y tiene una hija.

La aparición de su libro *Guía completa ilustrada del Feng Shui*, que alcanzó un inusitado éxito internacional, causó una auténtica revolución en el mercado editorial de no-ficción. La obra es un best-séller internacional y se ha convertido en el manual clásico de Feng Shui. A este libro siguieron *Feng Shui Kit* y *Feng Shui Fundamentals*. En noviembre de 1999, Element Books publicó *Illustrated Encyclopedia of Feng Shui* y *Space Clearing Kit*, dos libros que han suscitado el entusiasmo de cientos de miles de aficionados a este arte. En la actualidad, las obras de Feng Shui de Lillian Too se han traducido a veintiún idiomas y se han vendido casi dos millones de ejemplares en todo el mundo. La presente obra forma parte de una nueva serie titulada «Feng Shui práctico».

LILLIAN TOO, CONOCIDA COMO «EL ROSTRO PÚBLICO DEL FENG SHUI EN TODO EL MUNDO», HA ESCRITO 30 LIBROS SOBRE FENG SHUI, 18 DE LOS CUALES SE HAN CONVERTIDO EN BEST-SÉLLERS INTERNACIONALES.

La nueva página web sobre Feng Shui de Lillian Too ha despertado un extraordinario interés. El Feng Shui es el arte chino de la geomancia, un híbrido entre la energía psíquica y el diseño de interiores. Según parece, Lillian Too es capaz de diseñar un típico chalet de los Alpes suizos con una atmósfera tan espiritual como la de Stonehenge (...) en Asia es toda una celebridad y sus consultas on line *se cuentan por millares.*

WIRED (ESTADOS UNIDOS)

El Feng Shui de Lillian Too, de lectura fácil y amena, acompañada de un interesante anecdotario, debería interesar a cualquiera que pretenda comprender las fuerzas de la naturaleza (...) constituye un valiosísimo complemento a la creciente literatura sobre el pensamiento oriental. Hay que felicitar a Lillian Too por su excelente contribución.

TARCISIUS CHIN, DIRECTOR EJECUTIVO

(...) Too es una mujer que predica con el ejemplo.

NEW STRAITS TIMES

(...) para los lectores de sus best-séllers en Malasia, Lillian Too no ha hecho más que empezar.

BUSINESS TIMES

Las credenciales de Too son impecables.

SARAWAK SUNDAY TRIBUNE

(...) no es la típica defensora de este antiguo arte chino que vende sus conocimientos a las empresas (...) lo que ha hecho y sigue haciendo con un éxito más que considerable es escribir libros sobre Feng Shui.

SMART INVESTOR

Too destila la esencia de la práctica y explica, con términos sencillos, cómo el Feng Shui puede mejorar nuestra vida.

REVISTA VOGUE

Agradecimientos de la autora

Queridos lectores:

Tres de las fórmulas más importantes que se contienen en este libro me fueron reveladas directamente por el maestro Yap Cheng Hai. Al sugerirle que, a través de mis libros, podríamos divulgar los secretos de las fórmulas del antiguo Feng Shui a toda la humanidad, tengo que confesar que sólo esperaba una respuesta positiva a medias por su parte. Mi experiencia con los maestros de Feng Shui en Hong Kong y Taiwán me habían enseñado a esperar una cierta reticencia a la hora de revelar explicaciones profundas de las complejas fórmulas, técnicas y métodos.

Pero la generosa aquiescencia del maestro Yap ha hecho posible éste y otros muchos libros. Le estoy muy agradecida por su generosidad de espíritu, no sólo porque ha consentido en compartir, magnánima y universalmente, sus conocimientos, sino también porque tuvo que hacer un extraordinario esfuerzo para traducir y, luego, explicarme pacientemente los complejísimos y, en ocasiones, aparentemente contradictorios enfoques y criterios de los textos antiguos.

Sin embargo, en todos los casos de duda o ambigüedad, la solución siempre se revelaba por sí sola después de mucha discusión y debate, y cuando eso ocurría, la directriz o la regla en cuestión aparecía con diáfana claridad.

De no haber sido por la generosidad del maestro Yap, las piezas clave de estas fórmulas nunca hubiese podido salir a la luz. Tal y como ya habrán descubierto quienes estén familiarizados con estas fórmulas, son las porciones más minúsculas de información las que proporcionan las valiosas claves para comprender cualquiera de las fórmulas reveladas. Muchas de las que se habían publicado anteriormente eran incompletas. De ahí que sólo podamos tener palabras de gratitud para el maestro Yap al haber aceptado compartir su sabiduría con toda la humanidad.

También quiero dar las gracias a Element Books, que al colaborar conmigo en la publicación de mis libros ha hecho posible que el Feng Shui se haya convertido en una disciplina accesible y atractiva para todo el mundo. El diseño, formato y selección de las ilustraciones han respetado la esencia del Feng Shui. Muchas gracias. Element también ha sido el vehículo que me ha permitido compartir todo lo que sé con mis semejantes.

A todos aquellos que estén siguiendo mis libros, espero que el Feng Shui les haya traído grandes dosis de buena suerte en su vida. Recuerde que no es necesario intentar seguir todos y cada uno de los consejos, frases o fórmulas que se dan, sino que se pueden seleccionar unos cuantos y aplicar el Feng Shui de una forma ingeniosa y creativa. Durante el proceso, disfrutará al comprobar cómo aumenta continuamente su consciencia del entorno. La tierra que nos rodea está llena de fuerzas energéticas que aún no comprendemos; unas son amistosas y benéficas, otras hostiles y perjudiciales. Aprenda a distinguirlas investigándolas a fondo. Diluya las energías dañinas e intente estar en armonía con las positivas. De esta forma, empezará a recoger los suculentos frutos que le puede ofrecer la tierra.

¡Buena suerte! Y que se divierta.

LILLIAN TOO

Bibliografía

OTROS LIBROS DE LILLIAN TOO

Basic Feng Shui, KONSEP BOOKS, KUALA LUMPUR, 1997

Chinese Astrology for Romance and Relationships, KONSEP BOOKS, KUALA LUMPUR, 1996

Easy to Use Feng Shui, COLLINS & BROWN, LONDRES, 1999.

Feng Shui, KONSEP BOOKS, KUALA LUMPUR, 1993.

Feng Shui esencial, ONIRO, BARCELONA, 1998

Feng Shui Fundamentals: Careers

  Feng Shui Fundamentals: Children

  Feng Shui Fundamentals: Education

  Feng Shui Fundamentals: Eight Easy Lessons

  Feng Shui Fundamentals: Fame

  Feng Shui Fundamentals: Health

  Feng Shui Fundamentals: Love

  Feng Shui Fundamentals: Networking

  Feng Shui Fundamentals: Wealth ELEMENT BOOKS, SHAFTESBURY 1997

Feng Shui kit, EDAF, MADRID, 1998

Feng Shui y prosperidad, ONIRO, BARCELONA, 2000

Flying Star Feng Shui, KONSEP BOOKS, KUALA LUMPUR, 1994, ed. revisada 1999

Guía completa ilustrada del Feng Shui, ONIRO, BARCELONA, 1997

Guía completa ilustrada del Feng Shui para los jardines, ONIRO, BARCELONA, 1999

Practical Applications of Feng Shui, KONSEP BOOKS, KUALA LUMPUR, 1994

The Illustrated Encyclopedia of Feng Shui, ELEMENT BOOKS, SHAFTESBURY, 1999

The Little Book of Feng Shui, ELEMENT BOOKS, SHAFTESBURY, 1998

The Little Book of Feng Shui at Work, ELEMENT BOOKS, SHAFTESBURY, 1999

Water Feng Shui for Wealth, KONSEP BOOKS, KUALA LUMPUR, 1995

SITIOS WEB DE LILLIAN TOO

Si lo desea, puede visitar la primera revista *on line* de Feng Shui del mundo completamente gratis en:

http://www.worldoffengshui.com

El sitio web oficial de Lillian Too, donde puede consultar todas sus obras sobre Feng Shui y navegar por su álbum de fotos, leer sus recortes de prensa, aprovechar un sinfín de consejos de Feng Shui y consultar su programa de conferencias y cursillos, es el siguiente:

http://www.lillian-too.com

El sitio web **Feng Shui Fine Jewelry** de Lillian Too, donde puede navegar y comprar *on line*. OE Design ha creado estas bellísimas piezas de joyería, en oro y diamantes, siguiendo las instrucciones de Lillian. Cada pieza está diseñada para activar un tipo específico de suerte (dinero, amor, trabajo, etc.):

http://www.lilliantoojewellery.com

Índice analítico

A

accidentes 38
adivinación 15, 59, 70-71, 88-89
agua
    dirección del flujo 120-123
    en el paisaje 8-9, 11, 118, 119
    estrella 62, 63, 64-65, 66, 70-71
    fórmulas 15, 117-133
    Lo Shu 50
    Pa Kua 27
    símbolos 53, 70, 71, 115
    teoría de los cinco elementos 118-119
amor 50, 52
animales
    de compañía 55
    Zodíaco chino 30, 32-33, 107, 108-109, 112, 114
año de nacimiento 14, 30-33, 60, 108-109
apartamentos
    fórmula de la estrella fugaz 66
    orientación de la puerta 22
árboles 18, 94, 99
aspiraciones, fórmula de las nueve 49-55
astrológicas, fórmulas 15, 105-115

B

baño/aseo, emplazamiento 19, 39, 44-45, 114, 115
bodegas, *véase* despensas
brújula
    cinco elementos 119, 120
    direcciones favorables 47
    fórmula de la estrella fugaz 64, 65
    Luo Pan 12, 13, 14, 20
    oeste 20-21
    zonas zoológicas 113-115
buena suerte
    a largo plazo 102-103
    fórmula de la estrella fugaz 68, 70-71
    fórmula de las nueve aspiraciones 54
    fórmula de las ocho mansiones 36
    fórmula del dragón del agua 117
    y Feng Shui 9
buey 32-33, 108-109

C

caballo 32-33, 108-109
calendario
    chino 15, 32-33, 88-89, 106
    lunar 30-33
cama, posición 19, 36, 43
carrera/profesión 42, 50, 51, 52, 68
carreteras 18-19
carrillones 54, 67, 70, 95

carta natal
    casa 59-67, 72-87, 135
    fórmula de los cuatro pilares 108-109
    número Kua 32-33
casa
    asociaciones de elementos 27
    carta natal 59-67, 72-87
    ciclos temporales 58
    forma 18, 19, 24
    mudanza 15, 43
    ocho sectores de dirección 22, 26
    orientación de la puerta 19, 22-23, 34-35, 36, 40-41, 62-63
    plano 24, 114
    reforma 15, 60, 91-103
    secciones astrológicas 112-115
    sentarse 8, 11, 18, 62
    trazado 9, 19, 40
casas en forma de L 18
casas en forma de U
centro de la casa 22, 114
Chen, posición Pa Kua 27
Chi
    potenciación 115, 117
    shar 8, 45
    sheng 8, 36, 98
Chien
    fórmula de las nueve aspiraciones 51
    posición Pa Kua 27

trazado celeste vespertino 26
chueh ming (dirección) 39
cinco amarillo 95, 99
cinta métrica 21
cocina, emplazamiento 19, 37, 38, 39, 43, 44-46
colinas/montículos, en el paisaje 11
color
    como activador de energía 52-55
    fórmula de la estrella fugaz 88-89, 101
    fórmula de los cuatro pilares 111
comer, direcciones favorables 36
conejo 32-33, 108-109
Confucio 10
cristal/cristales 52, 70, 71
cuarto de baño 45, 114, 115
cuatro pilares del destino 106-111
cuatro pilares, fórmula 105-115

D

desagües 122, 125, 132
desarrollo personal 37
descendientes
    fórmula de las nueve aspiraciones 50, 51, 54, 103
    fórmula de las ocho mansiones 37, 39
despensas 19, 67

dimensión temporal 14-15, 56, 58

dioses del hogar 13

direcciones
de la puerta principal 22-23
desfavorables 14, 38-39, 135
favorables 14, 34-37, 47, 135
ocho 22, 26, 34

dormir/acostarse
direcciones desfavorables 38, 39
direcciones favorables 19, 36, 43
emplazamiento del dormitorio 41, 44, 67

dormitorio
dirección de la puerta 41
emplazamiento 41, 44, 67

dragón del agua, fórmula 14, 15, 21, 117-133

dragón
agua 15, 117, 126-133
en el paisaje 11
en el Zodíaco chino 32-33, 108-109

drenajes véase desagües

E

educación
fórmula de la estrella fugaz 68

fórmula de las nueve aspiraciones 50, 51, 52

fórmula de las ocho mansiones 37

elementos
fórmula de la estrella fugaz 66, 70-71
fórmula de las nueve aspiraciones 49, 50, 52-55
fórmula de los cuatro pilares 106, 107, 108-109, 111
fórmula del dragón del agua 118-119

elevaciones de la casa 8, 18, 121, 126

emplazamiento
de la casa 8, 11, 14, 18-19, 62
desfavorable 38-39
favorable 36-37

energía, agentes activadores 52-55, 70-71, 134, 135

escritorio, posición 42, 46

espejos 114

estaciones 110, 111

estancias, forma/trazado 19

estatuas 70, 95

estrella de la montaña 62, 53, 66, 70-71

estrella principal 62, 64

éxito 36

F

fama 50, 53, 69, 103

familia

fórmula de las nueve aspiraciones 50, 51, 52

fórmula de las ocho mansiones 37, 38, 39

Feng Shui
desarrollo 12-13
filosofía 8, 10
fórmula de la brújula 12, 14-15
orígenes 10
paisaje 8, 10-11, 119
simbólico 13
véase también fórmulas

Feng Shui de la estrella fugaz
carta natal 59-67, 135
cartas precalculadas 72-87
dimensión temporal 14-15, 56-58
direcciones de la brújula 21, 64-65
fórmula 57-71, 88-89
renovación
buena suerte 97-103
tabúes temporales 91-95

Feng Shui de la fórmula de la brújula
desarrollo 12
fórmula de las ocho mansiones 29-47, 135
tipos de fórmulas 14-15

Feng Shui del paisaje 8, 10-11, 119

Feng Shui simbólico 13

fénix 11

Fey Sin, véase Feng Shui de la estrella fugaz

flechas envenenadas 19, 43

forma de la casa 18, 19, 24

fórmula de la brújula de las ocho mansiones 14, 29-47, 135

fórmulas
brújula 12, 14-15
carácter secreto 12, 138
combinación 134, 135
cuatro pilares 105-115
dragón del agua 14, 15, 21, 117-133
estrella fugaz 57-103
fuente/origen 138
nueve aspiraciones 49-55, 135
ocho mansiones 14, 29-47, 135
tipos 14-15

fórmulas espaciales 14, 17-27

fu wei (dirección) 37

fuego
cocina 43
Lo Shu 50
Pa Kua 27
símbolos 53, 70, 71
teoría de los cinco elementos 118

G

gallo 32-33, 108-109

gran duque Júpiter 92-93, 99, 101, 103

Índice analítico

grupo occidental 34-35, 135
grupo oriental 34-35, 135
guijarros 52

H
hemisferio sur 14, 135
herramientas 20-21
ho hai (dirección) 38
Hong Kong 12, 13, 15, 59, 92, 106, 115
horno y cocina, emplazamiento 37, 38, 43, 45-46, 114, 115

I
I Ching 10, 26
infortunio 9, 10, 38-39

J
jabalí 32-33, 108-109
jardín, dragones del agua 15, 117, 126-133

K
Kan, posición Pa Kua 27
Ken, posición Pa Kua 27
Kua, números 30-33, 40
Kun
    posición Pa Kua 27
    trazado celeste vespertino 26

L
lagos 121
Li, posición Pa Kua 27

Lo Shu
    cómo se usa 24-25, 36
    fórmula de la brújula 12-14
    fórmula de la estrella fugaz 15, 57, 58-67, 72-87, 98, 135
    fórmula de las nueve aspiraciones 49-51
    redecoración 98
longevidad
    fórmula de las nueve aspiraciones 50, 51
    fórmula de las ocho mansiones 37
luces 53, 55, 71
lui sha (dirección) 39
Luo Pan 12, 13, 14, 29, 65

M
madera
    Lo Shu 50
    Pa Kua 27
    símbolos 52, 71
    teoría de los cinco elementos 118
mala suerte
    baño/cocina 45
    Feng Shui de la estrella fugaz 59, 60, 68, 70-71, 89
    flechas envenenadas 19
    fórmula de las ocho mansiones 38-39
    y el Feng Shui 9, 10

Malasia 59, 136
mar 121
matrimonio
    fórmula de las nueve aspiraciones 50
    fórmula de las ocho mansiones 37, 40
mecenazgo 50, 51, 103
mediciones 21
metal
    Lo Shu 50
    Pa Kua 27
    símbolos 54, 70, 103
    teoría de los cinco elementos 118
método de Pa Kua fijo 26
milenio 31
mobiliario
    movimiento 40
    trazado 19, 42, 46
mono 32-33, 108-109
montañas
    direcciones de la brújula 20, 21
    en el paisaje 8, 11
muerte 26, 39
música 55

N
nien yen (dirección) 37
niños/hijos
    fórmula de la estrella fugaz 68, 69
    fórmula de las nueve aspiraciones 51, 54

fórmula de las ocho mansiones 37, 41
nueve aspiraciones, fórmula 49-55; 135
números
    cuadrícula Lo Shu 24
    dobles/triples 68-69, 88
    Feng Shui de la estrella fugaz 15, 58-59, 62-71, 88-89
    Kua 30-33, 40
    rector 58, 60, 66, 88, 89
    significado 12
números rectores 58 60, 66, 88, 89

O
ocho caracteres 106-107
ocho direcciones 22, 26, 34
oficina/despacho 36, 42, 46
    véase también trabajo
oveja 32-33, 108-109

P
Pa Kua 12, 14, 26-27
Pa Kua Yang, *véase* trazado celeste vespertino
Pa Kua Yin, *véase* trazado celeste matutino
perro 32-33, 108-109
pescado 55
piedra 52
piedras semipreciosas 70-71
pilar de la hora 107, 110, 111

pilar del año 106, 108-109

pilar del día 107

pilar del mes 110, 111

plano de la casa 24, 114

plantas 52, 70, 72

predicciones 15, 59, 70-71, 88-89

prosperidad
Feng Shui de la estrella fugaz 60, 63, 68, 69, 100-103
fórmula de las nueve aspiraciones 50
fórmula del dragón del agua 118, 126, 135

puerta
determinación de la dirección 22-23, 40, 135
fórmula de la estrella fugaz 62-65, 67, 72-87
orientación 19, 34-35, 36, 40-41, 62-63
y escritorio, posición 42, 46
y flujo de agua 119, 120, 122-125

R

rama terrenal 106, 107, 108-109, 111, 112

rata 32-33, 108-109

reconocimiento 50, 53, 69, 103

reformas/redecoración
buena suerte 15, 97-103

número rector 60, 66

tabúes temporales 91-95

relaciones
fórmula de las nueve aspiraciones 50, 52
fórmula de las ocho mansiones 37

rincones perdidos 18

ríos 121

riqueza
elemento agua 118, 135
fórmula de la estrella fugaz 63, 68, 69
fórmula de las nueve aspiraciones 50, 52, 53, 103
fórmula de las ocho mansiones 36, 37

S

salud
Feng Shui de la estrella fugaz 60, 67
fórmula de las nueve aspiraciones 50, 51, 52, 103
fórmula de las ocho mansiones 37
fórmula de los cuatro pilares 112, 115

sanr yuan, *véase* fórmula de la estrella fugaz

sarm sart (tres asesinos) 94, 99

seis asesinos 39

seis bendiciones del cielo 103

serpiente 32-33, 108-109

sexo 14, 30

shar chi 8, 45

sheng chi 8, 36, 98

sigilo de Saturno 59, 64

símbolos, elementos 52-55, 70, 71, 115

Singapur 115

suerte
celestial 134
ciclos temporales 58, 66
humanidad 134
símbolos 54, 70-71
véase también mala suerte; buena fortuna

sun, posición Pa Kua 27

T

tai sui, *véase* gran duque Júpiter

Taiwán 12, 13, 14, 59, 107

tallo celestial 106, 107, 108-109

teoría de los cinco elementos 118-119, 135

tetera, posición 37, 43

tien yi (dirección) 37

tierra
Lo Shu 50
Pa Kua 27
símbolos 52, 71
teoría de los cinco elementos 118

tigre 11, 32-33, 108-109

tortuga 11, 55, 58

trabajo

direcciones desfavorables 38, 39

direcciones favorables 36, 40, 42-43, 46

fórmula de las nueve aspiraciones 50, 51

trazado celeste matutino 20, 26

trazado celeste vespertino 20, 26, 27

tres asesinos 94, 99

Tui, posición Pa Kua 27

V

ventanas 19, 42

verja, orientación 22

viaje, direcciones favorables 42-43

viento 8-9, 117

vivienda, *véase* casa

W

wu kuei (dirección) 38

wu wang (cinco amarillo) 95, 99

Y

Yin y Yang 26, 52, 55, 98, 107, 110-111

Agradecimientos

Los editores desean dar las gracias a los siguientes por el uso de su material:

Bright Ideas, Lewes

The Last Past, The Barn Colectors Market, Seaford

Heavenly Realms, Eastbourne

Battle Orders, Willingdon

Suttons, Hove

Los editores desean expresar su agradecimiento a los siguientes por la utilización de las ilustraciones:

Goh Seng Chong, p. 95 arriba centro

The Bruce Coleman Collection, p. 55

Corbis Images, pp. 10, 84

Liz Eddison, pp. 53 arriba, 85, 116, 126

ET *Archive*, p. 11

The Garden Picture Library, p. 74

The Image Bank, pp. 40, 67, 80, 132

The Stock Market, pp. 19, 35, 51 arriba, 60, 68, 87, 90, 131

Tony Stone Images, pp. 8, 15, 34, 42, 54, 82, 86, 93, 94, 104, 112 izquierda, 112 derecha, 119

Elizabeth Whiting Associates, pp. 66, 110